Friedrich Christoph Jonathan Fischer

Über die Probenächte der deutschen Bauernmädchen

Friedrich Christoph Jonathan Fischer

Über die Probenächte der deutschen Bauernmädchen

ISBN/EAN: 9783743366176

Hergestellt in Europa, USA, Kanada, Australien, Japan

Cover: Foto ©ninafisch / pixelio.de

Manufactured and distributed by brebook publishing software (www.brebook.com)

Friedrich Christoph Jonathan Fischer

Über die Probenächte der deutschen Bauernmädchen

Friderich Christoph Jo. Fischer
über die
Probenächte
der
teutschen Bauermädchen.

Rom bei Pietro Stephanoni.

Audendum est; fortes adiuuat ipsa Venus.
　　　　　　　　　　TIBVLL.

Berlin und Leipzig,
bei George Jacob Decker. 1780.

Sr. Hochfreiherrl. Excellenz

dem

Königl. wirklichen geheimen Staats-
und Justiz-Minister

Freiherrn von Zedlitz

Chef des geistlichen Departements,

Ober-Curator der Universitäten und Schulen

2c. 2c.

Hochwohlgebohrner Freiherr,
Hochgebitender Herr Staats-
und Justiz-Minister,
Gnädiger Herr!

Verwegenheit wird es scheinen, daß ich eine Schrift Euer Hochfreiherrlichen Excellenz zu überreichen wage, die ihrer äußer-
lichen

lichen Gestalt nach eines hohen Mäcens nicht sehr würdig ist, ja dem Anscheine nach mit der heutigen Sittlichlichkeit kontrastiret. Allein die genauere Einsicht davon, hoffe ich, solle dise ersten übeln Eindrüke wider austilgen, und ihr neben andern Werken, die zur Aufklärung der Menschheit, zur Verbesserung der Sitten und zur Aufnahme unsrer Gattung

ge-

geschrieben sind, ein Pläzchen erlauben. Doch, was für ein Schiksal sie auch haben mag, so kan ich in Untertänigkeit versichern, daß bloß tife Verehrung der erhabensten Verdinste, innigste Empfindung von Dankbarkeit für empfangene Gnadensbezeugungen und brünstiger Eifer, Proben der vollständigsten Anhänglichkeit abzulegen, die Be-

wegsweggründe gewesen sind, die mich zu disem Schritte hinleiteten.

Ich bekenne mich mit aller Ehrfurcht

Euer Hochfreiherrl. Excellenz

Berlin,
den 2. Decemb.
1779.

ganz Unterthäniger.
Der V.

Innhalt.

I.
Beschreibung der Sitte und ihre Ursache — 3.

II.
Beispile aus der Geschichte des mittlern Zeitalters — 17.

III.
Ueberbleibsel in den barbarischen Geseʒbüchern und rechtliche Folgerungen — 38.

IV.
Spuren unter den meisten rohen Völkern des Erdbodens — 62.

V.

	Seite
V.	
Dergleichen unter den kultivirten Nationen = = =	83.

VI.
Aehnliche Gewohnheiten in der alten und neuen Welt, und Betrachtungen darüber = = 89.

Ueber

die Probenächte

der

teutschen Bauermädchen.

U

I.

Beinahe in ganz Teutſchland und vorzüglich in der Gegend Schwabens, die man den Schwarzwald nennet, iſt unter den Bauren der Gebrauch, daß die Mädchen ihren Freiern lange vor der Hochzeit ſchon diejenige Freiheiten über ſich einräumen, die ſonſt nur das Vorrecht der Ehmänner ſind. Doch würde man ſehr irren, wenn man ſich von diſer Sitte die Vorſtellung machte, als wenn ſolche Mädchen alle weibliche Sittſamkeit verwahrloſt hätten, und ihre Gunſtbezeugungen ohne alle Zurükhaltung an die Libhaber verſchwenderen. Nichts weniger! Die ländliche Schöne weiß mit ihren Reizen auf eine ebenso kluge Art zu wirtschaften, und den sparsamen Genuß mit ebensoviler Sprödigkeit zu würzen, als immer das Fräulein am Puztische.

Sobald sich ein Bauermädchen seiner Mannbarkeit zu nähern anfängt, sobald findet es sich, nachdem es mehr oder weniger Vollkommenheiten besizt, die hir ungefähr im ähnlichen Verhältnisse, wie bei Frauenzimmern von Stande, geschäzt werden, von einer Anzahl Libhaber umgeben, die solange mit gleicher Geschäftigkeit um seine Neigung buhlen, als sie nicht merken, daß einer unter ihnen der Glüklichere ist. Da verschwinden alle Uebrigen plözlich, und der Libling hat die Erlaubnis, seine Schöne des Nachts zu besuchen. Er würde aber den romantischen Wohlstand schlecht beobachten, wenn er den Weg geradezu durch die Hausthür nehmen wollte. Die Dorfs-

Dorfsetiquette verlangt nothwendig, daß er seine nächtlichen Besuche durch das Dachfenster bewerkstellige. Wie unsere ritterbürtige Ahnen erst dann ihre Romane glüklich gespilt zu haben glaubten, wenn sie bei ihren verlibten Zusammenkünften unersteigliche Felsen hinanzuklettern und ungeheure Mauern herabzuspringen gehabt; oder sich sonst den Weg mit tausend Wunden hatten erkämpfen müßen, ebenso ist der Bauerkerl nur dann mit dem Fortgange seines Libesverständnisses zufriden, wenn er bei iedem seiner nächtlichen Besuche alle Wahrscheinlichkeit für sich hat, den Hals zu brechen, oder wenn seine Göttin, während dem er zwischen Himmel und Erde in größter Lebensgefahr dahängt, ihm aus ihrem Dachfenster herunter die bittersten Nekereien zuruft. Noch in seinen grauen Hahren erzehlt er mit aller Begeisterung dise Abenteuer seinen erstaunten Enkeln, die kaum ihre Mannheit erwarten können, um auf eine ebenso heldenmütige Art zu liben. a)

Dise mühsame Unternehmung verschaft anfangs dem Libhaber keine andere Vorteile, als daß er etliche Stunden mit seinem Mädchen plaudern darf, das sich um dise Zeit ganz angekleidet im Bette befindet, und gegen alle Verrätereien des Amors wol verwahrt hält. Sobald sie eingeschlafen ist, so muß er sich plözlich entfernen, und erst nach und nach werden ihre Unterhaltungen lebhafter. Ja in der Folge giebt die Dirne ihrem Buhler unter allerlei ländlichen Scherzen und Nekereien Gelegenheit, sich von ihren

a) In welch augenscheinliche Lebensgefahr begeben sich nicht zuweilen die Bauren in disen Umständen, und wie vermeiden sie nicht mit Fleiß alle Gelegenheit, sich auf eine bequemere Weise zu sehen!

ihren verborgenen Schönheiten eine anschauliche Erkenntnis zu erwerben; läßt sich überhaupt von ihm in einer leichtern Kleidung überraschen, und gestattet ihm zulezt alles, womit ein Frauenzimmer die Sinnlichkeit einer Mannsperson befridigen kan. Doch auch hir wird immer noch ein gewißes Stufenmaß beobachtet, wovon mir aber das Detail anzugeben, die Zärtlichkeit des heutigen Wolstands verbeut. Man kan indeß viles aus der Benennung **Probenächte** erraten, welche die leztern Zusammenkünfte haben, da die Erstere eigentlich **Kommnächte** heißen.

Sehr oft verweigern die Mädchen ihrem Libhaber die Gewährung seiner lezten Wünsche solang, bis er Gewalt braucht. Das geschiht allezeit, wenn ihnen wegen seiner Leibesstärke einige Zweifel zurük sind, welche sie sich freilich auf keine so heikle Weise, als die Witwe

Wadmann aufzulösen wissen. Es kömmt daher ein solcher Kampf dem Kerl oft sehr teuer zu stehen, weil es nicht wenig Mühe kostet, ein Baurenmensch zu bezwingen, das jene wollüstige Reizbarkeit nicht besizt, die Frauenzimmer von Stande so plözlich entwafnet. Disen Umstand meinen Lesern etwas begreislicher zu machen, muß ich mich auf eine Reisebeschreibung *b*) berufen, worinn von den Europäern mit den schönen Tschirkassirinnen verschidene Versuche angestellt worden sind; denn sonst laufe ich Gefahr, daß man auf meine Erfahrungen ein ganz unverdintes Vertrauen sezt.

Die Probenächte werden alle Tage gehalten, die Kommnächte nur an den Sonn- und Feiertagen und ihren Vorabens

b) Johann Jacob Straußens Reisen ꝛc. Amsterdam 1678.

abenden. Die Erstere dauren solange, bis sich beide Teile von ihrer wechselseitigen physischen Tauglichkeit zur Ehe genugsam überzeugt haben, oder bis das Mädchen schwanger wird. Hernach tut der Bauer erst die förmliche Anwerbung um sie, und das Verlöbnis und die Hochzeit folgen schnell darauf. Unter den Bauren, deren Sitten noch in grosser Einfalt sind, geschiht es nicht leicht, daß Einer der sein Mädchen auf dise Art geschwängert hat, sie wieder verließe. Er würde sich ohnfehlbar den Haß und die Verachtung des ganzen Dorfs zuzihen. Aber das begegnet sehr häufig, daß beide einander nach der Ersten oder Zweiten Probnacht wider aufgeben. Das Mädchen hat dabei keine Gefahr, in einen übeln Ruf zu kommen; denn es zeigt sich bald Ein anderer, der gern den Roman mit ihr von vorne anhebt. Nur dann ist ihr Name zweideutigen Anmerkungen ausgesezt, wenn sie mehrmals die Probzeit vergebens gehalten hat. Das Dorfpublikum hält sich auf disen Fall schlechterdings für berechtiget, verborgene Unvollkommenheiten bei ihr zu argwohnen. Die Landleute finden ihre Gewohnheit so unschuldig, daß es nicht selten geschiht, wenn der Geistliche im Orte einen Bauren nach dem Wohlsein seiner Töchter frägt, diser ihm zum Beweise, daß sie gut heranwüchsen, mit aller Offenherzigkeit und mit einem väterlichen Wolgefallen erzehlt, wie sie schon anfiengen, ihre Kommnächte zu halten. Keyßler gibt in seinen Reisen c) uns eine sehr drollichte Erzehlung von einem Prozesse, den die Bregenzer Bauren ehmals zur Verteidigung einer solchen Gewohnheit geführt haben, die sie fügen nennen. Die Kasuisten, die sich eben

c) Hanover 1740. Brif. IV. S. 21.

eben nicht immer von den erlaubten und
unerlaubten Begattungsarten die richtigsten Begriffe machen, und manchmal
dasjenige für Sünde halten, was keine
ist, und dasjenige nicht dafür halten,
was doch eine ist, ereiferten sich von je her
sehr über disen ländlichen Gebrauch.
Er mußte ihnen daher sehr oft zum Stoffe
dienen, ihre Beredsamkeit auf eine sehr
vorteilhafte und pathetische Weise zu zeigen. Die katholischen Landpriester, die
mit den Angelegenheiten und mit dem
Charakter ihrer Seelenbefohlnen zuweilen etwas näher, als die Protestanten
mit den Ihrigen bekannt sind, und mithin die Untadelhaftigkeit diser Sitte besser einsehen, äußern darüber mehr Duldsamkeit als die lezterе, die nie unterlassen, ihre Bauren deswegen mit den heftigsten Strafpredigten zu verfolgen, und
weil doch leider heutzutage, wo die Welt
so ganz im Argen ligt, dise Züchtigungen

gen nicht allezeit von Wirkung sind, so verabsäumen sie keine Gelegenheit, zu Vertilgung dises heidnischen Greuels den weit kräftigern weltlichen Arm zu Hülfe zu rufen. Die Klagen eines gewissen geistlichen Aufsehers im Herzogtume Würtemberg vom XVI. Jahrhundert habe ich im II. Bande meines **Versuchs über die Geschichte der teutschen Erbfolge** *d)* bekannt gemacht. Der Kanzler von Ludewig *e)* verwarf ebenfalls

d) Im II. Teil des Urkundenbuchs. Seite 332. 333.

e) In den Hallischen Anzeigen 1735. n. 34. 35. und bei Joachim in der Geschichte der teutschen Reichstäge. Halle 1762. Band I. S. 134. §. 26. „Die Meiste unter denselben (den alten „Kanonisten) berufen sich auf den vor-„nehmsten Ausleger, den Hostiensem. „Denn dieser hatte berichtet: die Sach-

falls disen Gebrauch mit Geringschäzung, und tat auf den Kardinal Heinrich von Se-

„sen hätten eine garstige aber Geseza
„mässige Gewohnheit, daß der Bräuti-
„gam bei der Braut zuvor eine Nacht
„schlafen, und nachgehends sich erst ent-
„schließen möge, ob er diselbe heiraten
„wolle oder nicht. Er sagt noch dabei,
„daß er zu der Zeit, da er in Sachsen
„zu Zeiten des teutschen Königs Wilhelm
„von Holland gewesen, a. 1254. solches
„selbst erzehlen hören. Welches Mähr-
„lein aber deswegen zu verlachen, teils
„weil das Concilium zu Trebur, als
„woraus das Kapitulum genommen,
„a. 895. nicht nur der Sachsen gedenkt,
„sondern auch zu solcher Zeit ganz Sach-
„sen schon ganz christlich gewesen; da
„dergleichen viehischer Gebrauch in kei-
„ner Achtung mehr sein können; ob-
„gleich die alten Glossatores fast insge-
„samt und insbesondere Anton. de Pu-
„tis, Jo. Andreæ u. a. auch noch ohn-
„längst

Segusio, welcher denselben schon im XIII. Jahrhundert bei den Sachsen beobachtete, einen sehr hastigen Ausfall. Wenn es der Wohlstand nicht untersagte, gewisse Forschungen allzuweit zu verfolgen, und ihr endliches Resultat enthüllt darzustellen, so könnte ich ihn leicht überführen, daß dise Sitte nicht nur in der Physiologie des Menschen gegründet, sondern auch eine für die Bevölkerung sehr heilsame Anstalt sei. Denienigen Teil meiner Leser aber, der sich so schlechterdings nicht abfertigen läßt, und verschidene Erläuterungen wünscht, muß ich an die Aerzte und an dieienigen Advokaten weisen, die vor den Ehegerichten Prozesse führen. Denn der-

„längst der Jesuit Wagnereck dieser Aus=
„legung dahin beypflichtet, daß die Pa-
„tres zu Trebur a. 895. dergleichen
„Weise erst damit aufgehoben hätten.”

dergleichen Herren allein besizen das ver=
jährte Vorrecht, daß ihnen die Welt,
ohne schamrot zu werden, über alles Ge=
hör gibt. Sollten aber einige von ihnen
die Hörsäle der Rechtsgelehrten besucht
haben? O! die können sich hir alles
das widerhohlen, was dort sehr oft mit
Einmischung der ärgerlichsten Anekdoten
von der bezihungsweisen Unvermögenheit
der Geschlechter gelehrt wird. *f*) Wem
dise gelehrte Nachfragen nicht bequem
sind, der belibe einen flüchtigen Blik auf
das zu werfen, was in grossen Städten
alle Tage zu geschehen pflegt. Wie vile
Ehen findet man da nicht, wo die Män=
ner im besten Alter erschöpfte Greise sind;
wo blühende Damen durch die allzufrüh=
zeitige und nicht selten unnatürliche Wol=
lüste

f) Man sehe auch *Henr. Hostiens. in Aurea
Summa. Colon.* 1612. *col.* 1228. wo er von
der Sache ganz sonderbare Beispiele an=
führt.

lüste ihrer Gemahls zu einer beständigen ehlichen Nüchternheit verdammt sind? Wie sehr müßen dise ihre weibliche Sittsamkeit nicht verläugnen, wenn sie sich entschließen, vor einem halbduzend Männer, die sie in ihrem Leben nie gesehen haben, über eine solche Angelegenheit Klage zu führen, und darüber die unverschämten Einwürfe eines widrigen Advokaten anzuhören, dem man oft zur Replik die Antwort widerhohlen möchte, die schon lange die Gemahlin des Germanikus dem Tiber gegeben hat! Weil es also für die Bauermädchen eine Apologie zu machen, und die moralische Unschädlichkeit ihrer Galanterie zu zeigen nicht taugt, so will ich wenigstens beweisen, daß sie allen Ständen unserer Nation gemein gewesen, und eine Ursitte der Menschheit ist.

II.

II.

Es hat es schon lange Grupen *a*) beobachtet, daß sich in ältern Zeiten alle teutschen Bräute vor der Hochzeit hätten beschlafen laßen. Wir treffen noch in der spätern Zeit unter dem hohen Adel Beispile an. Der Professor Koehler zu Göttingen *b*) lifert uns eine Urkunde,
nach)

a) De Vxore Theotisca. Goett. 1748. C. II. p. 39.

b) In D. August Friederich Schotten Juristischem Wochenblatt. Leipzig 1773. Jahrg. II. S. 683. ff. „Es ist „zu wißende, do mein Bruder Ulrich „selige von Rappoltstein sein Dochter „Herzlande meine Mume gelobte Graue „Rudolfs Son von Habespurg, do lag „derselb sein Sun Hanß bey meiner Mu-
„men

nach welcher Graf Johann IV. von Habs-
burg 1378. da er schon ein ganzes halb
Jahr

„men vorgenant under allen Molen wol
„vf ein halb Jor, vnd daß er dozwischen
„mit Jr nie geborte in der Moßen, als
„ob er ein Mann were, vndt fur zu vndt
„wolt Jhr ir Ehre habe genummen vf
„vngebürlich Wyse, vndt daß sie von
„imme von dem Bette fliehen muste,
„vndt das befant ir Vatter vndt verbott
„ir der, daß sie nummermer an sin
„Bette kommen sollte, vndt tet in och
„dozumole enweg fahren.

„Item darnach wart, do wart min
„Bruder selige siech vndt do er sterben
„wolt — de befalch er am Dotbette, —
„daß siene Dochter an Graue Rudolffs
„Sunes Bette nimmerme gelegen solte,
„sie empfindent den vorhin, daß er ein
„Mann were — — do antwurtete
„min Bruder vndt ich imme (dem Gra=
„fen Rudolf von Habspurg) were es
„Goß wille vndt daß es sin sollte vndt
„er

Jahr die nächtliche Probezeit mit der Herzland von Rappoltstein gehalten hat-

„er verfenglich were zu einem Manne,
„daß wir sie (die Herzland) deme nie-
„man baß guntent deme imme, aber
„min Bruder selge hette uns verbotten
„an sinne Todes, daß wir sie nimmer
„solten laßen kommen an sin Bette, wur
„wusten denne vorhin von andern Frauen,
„daß er ein Mann were, vndt daß er
„Frowen haben mödchte, vndt antwur=
„tetent imme noch me, wür woltend
„imme fürstöllen zweinzig oder drißig
„Frouwen, wenne eine etwenne einer
„mag vndt der andere nüt, well er da
„vnder den haben möchte, wür wolten
„imme denne Wix vndt Gut antwurtten
„vndt geben, das versprach er och. —
„Do antwurtet er vns vndt sprach, sin
„Sun der möchte woll, da sprach ich
„vndt schwur, — wür wolten immene
„hundert Frowen fürstellen, solten wür
„sie joch Kölle holen, vndt werle er vn=
„der

te, zulezt von ihr den Korb bekam, weil sie ihn der Unmännlichkeit beschuldigte. Gleich in dem nächsten Jahrhundert kommt im Habsburgischen Hause ein anderes Beispil vor. Nachdem Kaiſer Friderich

„der dem allen möchte, ſo wolten wir
„imme Wir vndt Gut geben. — —
„Item och iſt zu wißende, daß Groff
„Rudolfes Sun von Habesspurg in die-
„ſen Zielen gefurrt wert gen Straſpurg
„zu dem beſten Artzette, der do was,
„vndt hatt ime da gerne ein Ding ge-
„macht vndt lag och by demſelben Ar-
„zette lange zyt zu Straßburg by Mei-
„ſter Heinrich von Sachſen, der der beſte
„Meiſter iſt den man finden kan vndt
„hiengent ime an in eine Bad an ſin
„Ding ettwie viel Bliges wol fünfzig
„Pfundt ſchwer vndt pflaſterten ine, als
„menlich ſeitt, vndt verfieng alles nüt,
„daß ſu imme vt gemachen konnten, daß
„er verfengklich were zu Frowen.”

berich) III. sich die Prinzessin Leonore von Portugall durch seine Gesandten verlobt hatte, und dises Verlöbnis bereits zu Rom durch den Pabst bestättiget war, so zauderte er doch mit der Vollziehung der Ehe unter dem Vorwande, daß er keine Italienische Kinder zeugen wollte. Die Prinzessin, der diser Verzug etwas lange Weile verursachen mochte, wandte sich deswegen an ihren Oheim, den König Alfons von Neapel. Allein da diser nicht vil mehr bei dem Kaiser auszurichten vermochte, so brach er zulezt in dise Worte aus: „Du wirst also meine Nich-
„te nach Teutschland führen, und wenn
„sie dir dort nach dem ersten Beischlafe
„nicht gefällt, mir wider zurüksenden,
„oder sie villeicht gar vernachläßigen, und
„dich mit einer andern vermählen; be-
„schlafe sie vilmehr hir, damit du, wenn
„sie gefällt, die angenehme Wahre mit
„dir nehmen, oder wo nicht, uns die

B 3 „Bürde

„Bürde zurük laſſen kanſt." Der phlegmatiſche Friderich fand auf einmal diſe Vorſtellung ſo nachdrüflich, daß er im Augenblik iene bekannte Ceremonie veranſtaltete, die den Portugiſiſchen Damen ein ſo groſſes Aergernis verurſacht hat. c) Man kan ſie unten nach den eigenen Worten des Pabſt Pius II. nachleſen, wobei ſeine Bemerkung, daß es eine allgemeine Gewohnheit der teutſchen Fürſten geweſen, Aufmerkſamkeit verdint. d) Mit der Tochter diſes Kaiſers, Ku-

---

c) *Burcard. Gotthelf. Struve in Corp. Hiſt. Germ. Lipſ. 1730.* Tom. I. Per. X. Sect. II. p. 736 — 740.

d) *Æneæ Sylvii Hiſtoriæ Frid. III. Ex edit. Boecleri, Kulpiſii et Schulteri. Argent. 1702. p. 84.* Juſſit igitur (Fridericus) teutonico more ſtratum apparari, iacentique ſibi Leonoram in vlnas complexusque dari, ac praeſente Rege cunctisque Pro-

Kunigunde, hielt Herzog Albrecht IV.
von Baiern das Beilager zu Innsprugg,
und

Proceribus aftantibus fuperduci culcitram. Neque aliud actum eft, nifi datum ofculum. Erant autem ambo veftiti, moxque inde furrexerunt. *Sicque confuetudo Teutonicorum fe habet cum principes primo iunguntur.* Mulieres Hifpanae, quae aderant, arbitratae, rem ferio geri, cum fuperduci culcitram viderant, exclamantes indignum fieri facinus, Regem, qui talia permitteret, increpabant. Ille autem non fine rifu et iucunditate fpectabat peregrinos mores. Nocte, quae inftabat, futurus erat concubitus ex nudis. Dum ergo faltationibus vniuerfa curia intenta eft, foeminae Portugallenfes, quibus cubiculi fecretioris commiffa cura erat, fumigationes fuper ftratum faciunt, in quo iacendum eft, carmina dicunt et accerfito facerdote lectum benedicunt irrogantque fanctis aquis; vt eft fuperftitio mulierum,

und feierte erst nach der Heimführung zu München die Hochzeit mit ihr, e) oder wie

rum, quae sic felix connubium et amorem vtrinque perpetuum arbitrantur futurum. Quod vbi Caesar accepit, veretur, ne quid veneficii interueniret — Alium sibi substerni lectum iussit, vocarique ad se coniugem. — Verum Imperatrix bis terque vocata in suo lecto manere, morem seruandum dicere: viros in stratum vxoris ire solitos, non contra fieri solere. Caesar veluti victus ad eam pergit, rogatque secum in alium thalamum proficiscatur: recusantem manu prendit, vincitque facile nolentem vincere atque eo pacto vitatis incantationibus in alio lecto matrimonium consummatum est.

e) Kaiser Friderichs Tochter Kunegunde, ein Fragment. Wien 1778. S. 79. Johann Heinrich von Falkenstein, vollständige Geschichte des Herzogtums Baiern, T. III. München 1763. Cl. II. C. IV. S. 487.

wie sich ein österreichischer Schriftstel›
ler ausdrükt: „Herzog Albert beschlief
„Fräulein Kunigunden vor der Vermäh›
„lung." Adlzreiter, oder vilmehr der
verkapte Jesuite Vervaux *f*) widerspricht
disem aus dem Grunde, weil Veit Aren›
bek nichts davon melde. Man kan hir›
auf antworten, der Chronikschreiber
Arenbek beschreibe nur die Hauptceremo›
nie und übergehe ienen Umstand, als eine
allgemeine Gewohnheit, wovon zu seiner
Zeit iedermann wußte, daß sie vorher›
gehen mußte. Die Sache wird ausser
Zweifel gesezt, wenn man die Stelle mit
einer andern vergleicht, *g*) wo er eine

artige

---

f) Annalium P. II. L. IX. p. 200.

g) *Viti Arnpekhii Chron. Bojoar. L. V. c.
17. in Bernh. Pezii Thesauro Anecdot. no-
viss. Tom. III. col. 257.* Ea tempestate
Illustrissima Domina Ludmilla Comitissa
in Pogen Filia IV. regis Bohemiae, sed
se-

artige Begebenheit von einer Probenacht erzählt, die Herzog Ludwig I. von Baiern mit

secundam fratrem Andream de S. Magno Ratisponensi nata de ducatu Sweidniz, subtili astutia sua Ludouicum Ducem, vt eam matrimonialiter duceret, cum tali facetia induxit. Defuncto siquidem eius primo marito Alberto ill. Comite de Pogen, cum esset pulchra nimis, timens Deum et moribus vt assolet clarissima, dictus Dux saepius eam visitauit. Demum apud eam pro illicito amore dulcibus verbis, vt moris est, vehementer sollicitauit, quod ipsa caute ac proinde recusauit. Attamen eidem certum diem, quo ad thalamum suum veniret, praefixit. Interim ipsa arte pictoria in velo ante lectum eius pendente, quo dormire solebat, tres milites depingi perpulchre fecit, et ipso die praefixo alios tres viuos familiares suos milites sub eodem velo abscondit. Ingressus igitur princeps putans eam ibi spre solam,

mit der schönen Gräfin Ludmille von Bor-
gen, einer gebohrnen böhmischen Prinzeßin gehalten hat. Man war um diese
Zeit von der alten Heiligkeit der Sitten
so sehr abgewichen, daß den Mannspersonen die Probezeit oft nur eine bequeme
Ge-

lam, more suo de illicito concubitu in-
stetit; quae ait, si de praesenti ducitis
me in vxorem, data bona fide sub te-
stimonio istorum trium militum faciam
quae cupitis. Quod ille illico parui
pendens tres depictos milites promisit.
At illa velum deponens inquit: sitis
itaque vos strenui milites testes huius
rei. Cui responderunt milites: Bene
domina gratiosa audiuimus. His audi-
tis Dux perplexus cameram concito ex-
iuit, nec in anno integro ad eam reuer-
titur: nimirum finito anno nuptias ma-
gnifice celebrauit, et eam solemniter
in facie Ecclesiae Christiano more in
vxorem duxit.

Gelegenheit war, die Unschuld ihrer Damen zu mißbrauchen. Ludmille, die ebenso klug als schön war, erfand eine List, ihren Freier gewiß zu fesseln. Der Herzog mußte ihr in der Probenacht vor drei Rittern, die sie sich auf ihre Bettdeke gemahlt hatte, schwören, daß er sie zu seiner Gemahlin machen wollte. Er tat es ohne Bedenken, weil er sich für aller Ueberweisung sicher glaubte. Allein kaum hatte er sich dem Vergnügen übergeben, so öffnete die Prinzessin die Gardinen, wo sich plözlich drei leibhafte Ritter zeigten, die den Herzog an die Erfüllung seines Gelübdes erinnerten. Er bekannte sich überlistet und vollzog nach dem Herkommen die Ehe in Jahresfrist. Bei den Alten hat dise Begebenheit sovil Beifall gefunden, daß sie ihr Andenken in einem eigenen Gedichte ver-
ewig-

ewigten, daraus ich eine Stelle anführen
will. *h*)

„Ein Fürst von Payren kom geyn
„Pogen geriten
„Zw einer Gräfin schön vnd klug mit
„Siten
„Er begert ir zw Freidenspil
„Sie sprach ich einwil,
„Er erwellet dan sein mein eelich man
„So will ich darumb ratt han.

—— —— ——

„Der Fürst redt der Frauen zw
„Ob sy seinen Willen wolde thun.
„Dy Fraw sprach —— ——
„Gelobt mir dy ee frölich.
„Der Fürst gelobt die ee in Heldesmut.

—— —— ——

„Und da vergangen was ein ganz Jar
„Da kom der Fürst gein Landaw spatt
„Er wolt nicht da benachten
„Zw

k) *Carmen Vetus de nuptiis Ludov. Duc. Bav. et Ludmillae de Bogen* in Vol. XII. Monument. Boicor. n. 133. pag. 92.

„Zw seiner Hausfraw gein Pogen was er
　　　　　　　„trachten
„Da sy komen zusamen Payde
„Da vergassen alles ir Layde
„Sy lebten miteinander eelich
„Als es zugehörd der Fürsten reich.

In ältesten Zeiten fieng die Probe=
zeit mit dem Raub des Frauenzimmers
an, und erst ein Jahr hernach geschah
die Vermählung. Auf dise Weise heira=
tete Z. B. König Suigger von Norwe=
gen die Tochter des Königs Grims von
Dännemark. i)

Trogill Arnkiel k) schloß aus einer
gewißen Stelle Saxens des Grammati=
kers,

i) *Alb. Kranzii* Cronika regnorum Daniae,
　Suetiae et Norvegiae. Argentor. 1546.
　pag. 599. et 600.

k) Cimbrische Heidenreligion. Hamburg
　1691. C. 34. §. 6. S. 290.

fers, *l*) daß der Beischlaf, der vor der Hochzeit geschiht, bei den alten nordischen

l) *Saxo Grammat. in Historia Daniae L. V. p. 89.* Eidem (Hithino) postmodum cum Hilda Hoegini Jutorum reguli filia spectatae admodum opinionis virgine, mutuus amor incessit. Quippe nondum inuicem conspectos, alterna incenderat fama. At vbi mutuae conspectionis copia incidit, neuter obtutum ab altero remittere poterat, adeo pertinax amor oculos morabatur. — At Hoeginus Filiam suam Hithino despondit, coniurato inuicem vter ferro perisset, alterum alterius vltorem fore. — Interea Hithinus apud Hoeginum quorundam obtrectatione insimulatus est, *quasi filiam eius ante sponsalium sacra stupri illecebris temerasset: quod tunc immane cunctis gentibus facinus habebatur.* Igitur Hoeginus credulis auribus rem falso nuntiatam excipiens, Hithinum regia apud Sclauos stipendia colligen-

schen Völkern als etwas abscheuliches angesehen worden. Diser Beobachtung widersprechen aber nicht nur die übrigen Nachrichten dises Saxens, sondern überhaupt alle nordischen Monumente. Ueberall kommen Beispile von gehaltenen Probenächten vor. Man muß daher, um allem ungereimten Widerspruche auszuweichen, iener Stelle die Deutung geben, daß König Högnus von Jütland sich aus der Ursache gegen seinen Eidam

gentem classe lacessit. — quamobrem Frotho missis qui simul eos accesserent, scrupulosius causam simultatis inquirit. Qua cognita iuxta legis a se latae formulam pronunciauit. Videns autem ne sic quidem eos in gratiam reduci posse, patre filiam pertinacius reposcente, litem ferro decidendam edixit. Id quippe solum dirimendae controuersiae remedium videbatur.

Eivam Hythin von Norwegen entrüstet habe, weil er seine Tochter vor dem förmlichen Eheverspruch schon beschlafen, und sie folglich auf den Fuß einer gemeinen Beischläferin behandelt hätte; oder welches mir noch wahrscheinlicher dünkt, weil er ohne Erlaubnis und Vorwissen des Vaters die Probezeit mit der Tochter hielt. Die gleichfolgende Begebenheit, und die daraus entstandene langwierige Fehde bestärkt mich in meiner Meinung.

Der alte König Harald in Norwegen wollte die schöne Asa, eine Tochter des Grafen Hrings, mit Gewalt zur Gemahlin nehmen, und ward deswegen von Kol Krappe, dem man sie bereits verlobt hatte, zum Zweikampf herausgefordert. Ohngeachtet der Kämpfer, der für ienen gefochten hatte, überwunden geworden war, so erlaubte der Siger doch, daß noch Einer gestellet werden

den durfte. Allein diser wollte um keinen geringern Preis, als um den eigenen Besiz der Schönen fechten, den man ihm auch bewilligen mußte. Nun hielt er die Probenacht mit ihr, und dann trat er erst den Zweikampf an, worinn er seinen Gegner glüflich überwand. m)

Frit-

m) *Thorm. Torfaei Hist. Norvag. P. I. C. VI. p. 201.* His nodis implicatus (Rex Haraldus) remissa sponsione, quam patri per vim expresserat, renunciatoque omni iure, inque Sturlaugum translato, quod in sponsam consecutus erat, vicem suam ad rem cum prouocatore gerendam deligit. His ita compositis Sturlaugus ad Comitem Hringum, virginis patrem — se confert, nuptias filiae — facile paciscitur, et ne castitatem eius hostibus delibandam seruaret, approperat, cuius commendatione instructus, mox inde ad nutricem eius Freyam — accedit, exactae aetatis anum sed venefica-

Frithiof, Herr von Frammeſien, beſchlief die Prinzeſſin Ingibiorg, eine Schweſter der beiden Könige Helgos und Halfdans von Sognien, gleich nach dem Verlöbniſſe in dem heiligen Tempel zu Baldershagen, obſchon er ſie erſt nach dem Tode des K. Krings zur Gemahlin bekam. *n*) Ein ſehr merkwürdiges Beiſpil

ficarum artium peritiſſimam. — Haec cum arcani genii fomentis corpus eius inunxiſſet, inque ſocietatem lecti per vnam noctem enſe ſequeſtro a ſuo diremptum admiſiſſet, inuſitatas vires magnumque robur ei impreſſit, donatumque lacerna et inuictis acuminis gladio iam aduerſario haut imparem praeſagiens dimiſit, qui deinde cum Kolo decertans viribus eum et vita ſpoliauit.

n) *Torm. Torfaei Hiſt. rer. Norvegicar.* Hafniae 1711. P. I. L. V. c. XXV. p. 226.

spil von einer Probenacht in Schweden erzehlt uns Bartholin aus der Illugur Saga, o) das meine Leser in der Note selbst

o) *Antiqu. Dan. de causis contemtae à Danis adhuc gentilibus mortis. Hafniae 1690.* L. I. c. 1. p. 7. Immobiles ad minas mortis intentatas vultus pertulit Illugus Gridae alumnus, qui a Grida rogatus lectum cum filia ipsius adscendere, paruit et protinus ad blanditias versus ab adcurrente cum acuto gladio matre capillos arripitur, quasi mox caput amissurus. Ille immotus sine metus vllo indicio mansit. Quo circa missus sine mora lecti sociam adgreditur. Adcurrit rursum mater trahitque ad spondam lecti, minantibus verbis insultans: iam morieris. Ille nihil, nisi: mortem non timeo. Anus mirata abit, et verso protinus ad virginem Illugo denique adcurrit, quasi iam serio vitam ipsi ademtura. Illugus nihil motus placide ictum opperiebatur. Tunc Grida in admirationem rapta

lbst nachlesen mögen. Ich will dagegen ein anderes aus der alten Fränkischen Geschichte anführen: Teudebert, König in Austrasien, ließ die Witwe Teuderia schon im Jahr 533. bei sich schlafen, ohngeachtet er sich erst ein Jahr nachher förmlich mit ihr vermählte. *p)*

> rapta exclamat. — — Tu instar aliorum hominum non es; venae tuae nihil tremunt. Jam vitam a me et filiam juxta te collocatam, cui Hildae nomen est, accipe.
>
> *p) Gregor. Turon. Hist. L. III. c. 22. inter script. rer. Francic. Andr. du Chesne. Tom. I. p. 251.* Deuteriam — speciosam — cernens, amore eius capitur, suoque eam copulauit Strato, a 533. c. 23. — Deuteriam exinde accersit, eamque sibi matrimonio sociauit, a, 534.

III.

III.

Es bestärkt sich daraus die Anmerkung des P. le Cointe, *a)* daß diejenige Weiber, welche die Fränkischen Könige neben ihren rechtmäßigen Gemahlinnen hatten, keine Beischläferinnen oder Kebsweiber gewesen seyn, obschon die gleichzeitigen Annalisten aus Mangel einer genauen Kenntnis der teutschen Gebräuche, und durch ihre allzugrosse Anhänglichkeit

an

---

a) Charles le Cointe Ann. Franc. Eccles. ad a. 773. n. 2. ad a. 803. n. 49. et ad a. 814. Nach den Arabischen Monumenten war die Hagar eine solche Gemahlin des Abrahams, und ihr Sohn Ismael empfieng daher als Erstgebohrner das gegen Kanaan weit vorzüglichere Arabien. *D'Herbelot Bibl. Orient.* pag. 420. *Hagiar.*

an römische und morgenländische Sitten oft verleitet wurden, ihnen dise Beinahmen zu geben. Es waren allezeit solche Gattiunen, die noch in der Probzeit stahnden, und erst in der Folge durch die Gebährung eines Kindes zur Würde einer rechtmäßigen Gemahlin gelangten. Wenn die Schöpfung des ehlichen Brautschazes und die Haltung eines öffentlichen Hochzeitmahls dazu kam, *b*) so war die Ehe in der besten Form gemacht; wenn dise beide Stüke aber mangelten, so war es entweder eine auf die Morgengabe geschlossene Ehe, oder nur die ehliche Probzeit. Bei der erstern,

b) *Capit. L. VI. c. 730.* Nullum sine dote fiat coniugium, nec sine publicis nuptiis quisquam nubere praesumat. L. VII. c. 305. — nisi forte illa mulier et ingenua facta, et dotata legitime, et publicis nuptiis honestata videatur.

die eine Heirat nach Salischem Gebrauche in den alten Urkunden heist, waren die Kinder keiner ordentlichen Erbfolge fähig, wol aber im leztern Fall, weil hir noch die abgängige Ceremonien des ächten Germanischen Ehebündnisses nachgehohlt werden konnten. Dahingegen iene, wo man ebenfalls den Ehkaufschilling erlegte, und vor der Heimführung die Probenacht hielt, als schon in ihrer Art vollständig, keine weitere Feierlichkeit zuließ. In der Note ist ein Beispil aus den Nordischen Sagen, c) die also auch

---

c) *Thorm. Torfaei Historia Norvag. P. II.* p. 20. Tandem Briorgulfus aduentus sui causam exponit, nimirum quod filiam eius domum deducere, sibique sine nuptiarum solennitate sociare gestiat. Id dissolutas vel approperatas nuptias appellabant, (Schade! daß der Autor den eigenen urkundlichen Ausdruk nicht

auch in disem Stüke mit den übrigen teutschen Sitten übereinstimmen. Noch heut-

nicht beigesezt hat.) quod concubinae feu pellicis ſtatum, (nemlich eine unebenbürtige oder Morgengabsehe) non vxoris denotat. — — Extorto hoc modo magis quam impetrato patris conſenſu Biorgolfus virginem vncia auri emit (vergl. *Fredegar. Schol. in Epit. geſt. Francor. cap. 18.*) veteri lingua eyri Gullz octaua ſcilicet parte marcae. Atque ita eodem ſecum lecto in aedibus paternis prima nocte collocatam deinde domum deduxit. — Poſt duos deinde filios ex iſto contubernio ſusceptos deceſſit, — quos poſt obitum patris cum matre domo ſine vlla paternae haereditatis portione, ad auum maternum reduci Bryniolfus (der rechtmäßige ehliche Sohn) curauit, vbi tantisper educabantur, donec illo mortuo vniuerſa haereditas ad ſolam matrem peruenit. Dergleichen Söhne ſtahnden auch unter der

heutzutage fängt an vilen Orten die eheliche Gemeinschaft der Güter nicht eher an, als bis die Eheleute ein Kind miteinander gezeugt haben. *d*) In der Schweiz

der Gewalt ihrer in rechtmäßigen Ehen erzeugten Brüder. *S. Ludger. in Vita S. Gregorii Abb. VI-traject. ap. Sur. XXV. Aug. p. 277.* Fuerunt ei fratres nobiles et eximii de patre geniti et de matre eius nati alii fratres, et tempore et viribus secundum saeculi dignitatem minores, quibus necesse erat in obsequio esse maiorum. Factum est autem, vt aliqui ex maioribus fratribus honorati a Rege Carolo Martello vel Pippino mitterentur in longinquiora regna Galliarum, illuc et subsequi et inhaerere necesse erat iunioribus. Sihe meinen Versuch über die Geschichte der teutschen Erbfolge, Band I. S. 138.

d) *Eberh. Christ. Canz* Diss. de iuribus et obligationibus vxoris secundum Jus Wurtemberg. Tub. 1772. p. 10.

Schweiz verspricht sich der Bauer einen
glüklichen Erfolg seines Ehstands, wenn
seine Gattin noch im ledigen Stand
schwanger geworden ist. e) Daraus erklärt sich 's, warum unter den beiden ersten Stämmen der Fränkischen Herrscher
die Bastarden, f) (wenn anders
Prin-

e) *XX. Briefe über die vornehmste Merk-
würdigkeiten von der Schweiz, zum
Nuzen iunger Reisenden.* 1769. I. B.
IV. Br. von Bern.

f) Daß diese Benennung im mittlern Zeitalter gar nichts anstößiges gehabt hat,
zeigt *Stryk de liberis nat. regum et princ.
C. II. p. 26. 27.* In der spätern Zeit
wurden die natürlichen Kinder in Frankreich gegen ihre Väter nm einen Grad
geringer gehalten. *Charles Loyſseau des
Ordres C. V. n. 64.* Ils doivent tous-
jours être mis d'un degré plus bas,
qu'eux: de forte que les batards des
Rois font princes: Ceux des Princes
font

Prinzen, die ihre Mütter in der Probzeit zur Welt gebracht haben, mit disem Namen gebrandmarkt werden dürfen!) ohne Unterscheid mit den Ehlichen zugleich erbfolgten. *g*)

Ebendises Erbrecht hatten die natürlichen Söhne in Dännemark, *h*) wie in den

font Seigneurs: Ceux des Seigneurs font Gentils-hommes, et ceux des Gentilshommes font roturiers, afin que le concubinage n'ait autant d'honneur que le loial mariage.

g) *Jo. Nic. Hert.* in Notit. regni Francor. Vet. C. IV. §. 9. Edit. Hombergk. Vol. II. Tom. I. p. 225. *Jo. Sam. Stryk* in Diff. de liberis natur. regum et principum, Halae 1700. C. III. p. 36. 37.

h) *Adami Bremenf. Hift. Eccles. L. II. cap. 54.* Caeterum Suein et Harold a Concubina geniti erant; qui, vt mos est Barbaris, aequam tunc inter liberos Knut fortiti funt partem haereditatis.

den meisten nördlichen und südlichen Rei‍chen. *i*)

Unsere barbarischen Gesezbücher zei‍gen noch hin und wider Ueberbleibsel von der Probezeit. Nach dem LII. Gesez der Alemannen mußte einer, der seine Braut aufgegeben hatte, schwören, daß er sie weder aus Argwohn irgend eines Gebre‍chens auf die Probe gestellt, noch auch wirklich etwas dergleichen bei ihr entdekt habe.

In den Sächsischen *k*) und Aleman‍nischen

---

i) Davon handelt Stryk in dem ganzen III. Cap. der angeführten Abhandlung, S. 37. u. f. Sihe auch Leges Longobard. R. Rotharis, c. 154 — 162. in Mu‍ratorii Script. rer. Ital. T. I. P. II. p. 26.

k) *Jus prov. Saxon. Cod. Old. Piā. L. III. art. 47.* An finer Amien mach en man not don, und sin Liv verwercken, of he se ane eren danc beleget.

nischen Landrechten, *l*) besgleichen in dem alten Goslarischen Stadrechte *m*) wird eine in der Probenacht vorgegangene Gewaltsamkeit der Notzucht gleich geachtet.

Es entwikelt sich der wahre Grund, warum nach dem allgemeinen germanischen Rechte die rechtliche Wirkungen der Ehe von dem ehlichen Beischlaf beginnen. Denn durch disen wird die physische Ehestandsfähigkeit der beiden Personen außer Zwei-

---

l) *In Cod. Oldenburg. c. 306.* Eyn jeglich man mac an siner Amyen die notnunft begen, daz sol man uber sie richten, als ob er nie bi ir gelege.

m) *ap. Leibnit. in Tom. III. Script. rerum Brunswicens. p. 502. n. 94.* An siner Amyen mach en not began. Amye bedeutet eine Libste. Sihe Chr. Ulr. Grupen Teutsche Alterthümer zur Erläuterung des Sächs. und Schwäb. Land- und Lehenrechts. C. VIII. S. 110.

Zweifel gesezt. Eigentlich ist er aber doch von iener darinn verschiden, daß bei ihm die wirkliche Zeugung anfängt, da sich dieselbe bloß mit der vorläufigen Untersuchung der Zeugungsfähigkeit beschäftiget. Ebendaher bezißt sich *n*) das Geschenke,

---

n) *Thorm. Torf. Hist. Norveg. L. VII. c. 4. p. 313.* Consensit Asmundus annuloque aureo donauit, ipsa negante munus hoc sibi tutum acceptu suspicante matre praemium esse concubitus. *Jo. Gottl. Heineccii* Elementa Jur. Germ. L. I. Tit. X. §. 214. p. 171. *Dreyer.* de termino effectuum ciuil. matrimonii a quo. §. 5. h. p. *Dipl. Ludouici* Com. Pal. Rheni et inferioris superiorisque Bauariae Ducis de 1475. *in Cod. dipl. Poloniae, T. I. pag. 389.* — in quorum 30000 fl. dotis recompensam, alia 30000 fl. Hung. ratione donationis propter nuptias ac summam ratione largitatis sponsalitiae, vulgariter Morgengab,

schenke, das man die Morgengabe nennt, in gewisser Art auf beiderlei Ceremonien, weil es zum Beweise dint, daß die Ehe im fleischlichen Verstande vollkommen in Richtigkeit gebracht ist.

Unter den Karlingischen Kapitularen hebt das LXXX. des VII. Buchs den alten Gebrauch der Probzeit ganz auf, und will, daß beide Teile keusch und unbefleft zu einander in die Ehe treten sollten. o) Der longbardische König Rothahr

gab, quam ex more in signum coniugalis amoris post primum thalami ingressum principes Almaniae coniugibus suis donare consueuerunt.

o) Sciendum est omnibus et firmiter retinendum, quod hi, qui vxores ducere voluerint, sicut eas castas et incorruptas cupiunt inuenire, sic ad eas casti et incorrupti debent accedere, easque cum benedictione sacerdotali sicque in sacramen-

hahr befahl, die Bräute, die mit andern einen zweideutigen Umgang gehabt hätten, als Ehbrecherinnen zu bestrafen. p) Aus der Ursache durfte ein Bräutigam seine

> mentario continetur, accipere: sed prius eas dotali titulo debent conligare. Vergl. Gottfried Schüze Lobschrift auf die Weiber der alten teutschen und nordischen Völker. Hamburg, 1776. Seite 169. 170.
>
> p) *Lex 179. ap. Muratori Script. rerum Ital. Tom. I. P. II. p. 29.* Si dixerit sponsus de sponsa sua, postquam eam sponsauerit, quod adulterata sit, liceat eam parentibus purificare cum XII. sacramentalibus suis. —— —— Si parentes eam —— de ipso crimine mundare non potuerint, tunc sponsus recipiat res suas, quas dederit, et illa patiatur poenam adulterii, sicut in hoc edicto scriptum est.

D

seine Braut nicht mehr aufgeben, *q)* weil sie die Vermutung einer unangetasteten Keuschheit nicht mehr für sich haben konnte. *r)* Es gab aber doch zuweilen niderträchtige Männer, die ihre Liebsten vernachläßigten. König Froto III. in Dännemark gab daher ein Gesez, welches alle Mannspersonen nötigte, die einmal beschlafene Dirnen zur Ehe zu behalten. *s)* Nach dem Lübischen Rechte wird

q) Procop. de Bello Goth. Lib. IV. — Barbaros illas sponsas, nisi ob stuprum non dimittere.

r) Ebendaher wurde nach den Westgothischen Gesezen eine Braut, die sich mit einem andern vergieng, als eine Ehebrecherin gestraft. *Lex Wisigoth. L. III. T. IV. §. 2.*

s) Saxo Grammat. Edit. Steph. Jo. Stephanii. Sorae, 1644. L. V. p. 85. Maribus quoque quamcunque primitus cognouissent, ducendi legem inflixit.

wird einer, der sich einer Probenacht mit Unwahrheit rühmt, ausserordentlich gestraft. *t*)

Bei der Gelegenheit, da der Byzantische Geschichtschreiber Prokop dise allgemeine germanische Sitte, die Bräute nicht mehr aufzugeben, beobachtet, macht er die spizfündige Anmerkung, daß bei den Teutschen die Keuschheit der Bräute, wenn sie auch wirklich unverlezt sei, doch für zweifelhaft gehalten werde. *u*) Allein er

---

t) Er ward entweder um 80 Mark Silbers oder mit einem halbjährigen Gefängnisse und lebenslänglicher Landesverweisung gestraft. Henr. Balemann *Diss. de Foemina et Antiquit. legibusque Rom. Germ. et praesertim Lubecens.* Altorf. 1756. Sect. II. C. II. §. 19. p. 132. 133.

u) *De bello Goth. L. IV.* Tanto enim honore pudicitia apud Barbaros colitur, vt femina, de cuius nuptiis actum est, etiamsi

er war mit unsern Sitten nur nicht zureichend bekannt, denn sonst würde er das Gegenteil wahrgenommen haben.

„Quardus von Cambridge sagt in
„seiner Beschreibung von Wallis, daß
„man sich ehmals nicht leicht ohne eine
„vorhergegangene Beiwohnung verheira-
„tet hätte, indem es gewöhnlich gewesen,
„daß die Eltern ihre Töchter jungen
„Mannspersonen gegen eine gewisse
„Summe Geldes auf die Probe gegeben,
„und daß das Gelt verfallen ware, wenn
„die Mädchen wider zurükgeschikt wor-
„den." Home, v) dem ich dise Nachricht abgeborgt habe, beschuldigt hir seinen Gewährsmann eines Irrtums, und erklärt die Sache aus dem bekannten Kaufe

etiamsi corpore sit integra, pro corrupta habeatur.

v) Versuch über die Geschichte des Menschen. Leipzig 1774. S. 209.

Kaufe der Weiber unter den rohen Völkern. Man wird aber vermutlich nach Durchlesung dises ganzen Auffazes keine weitere Verteidigung des alten Annalisten von mir begehren, und ich wage dagegen die allgemeine Beobachtung hir zu machen, daß die Welt von dem Verfasser der Kritik nach dreisig Jahren Arbeit allerdings ein anderes Werk zu erwarten berechtiget war, als er uns wirklich durch seine Geschichte des Menschen gelifert hat. Noch heutzutage genießt in ganz England eine Braut, wenn sie bei dem Tode ihres Bräutigams das neunte Jahr zurükgelegt hat, den gewöhnlichen brittischen Wittum auf seinen Ländereien. w)

D 3 Der

w) *Thom. Crag de Riccartoun Jus feud. Lipſ. 1716. pag. 568. Apud Anglos mirum eſt, quod obſeruatur; nam tertia debetur vxori desponſatae, ſi nonum annum superauerit, de omnibus terris,*
in

Der Kanzler Estor hat vollkommen recht. Das Beilager und die Brautnacht sind bei Standspersonen, wie bei gemeinen Leuten ehmals ganz verschidene Gebräuche gewesen. *x*) Die Probenacht scheint den Ursprung zu den Vermählungen durch Gesandte gegeben zu haben. Es überzeugt uns davon Jacob Unrest, ein alter Oesterreichischer Kronikschreiber, *y*) wenn er die Heirat des römischen Königs Maximilians I. mit der Prinzessin Anna von Brettagne beschreibt. „Kunig Maximilian — sagt er — schickt „seiner Diener einen genant Herbolo von „Pol-

in quibus vir obiit vltimo vestitus et saisitus.

x) Rechtsgelehrsamkeit der Teutsch. T. III. Hpstst. 100. §. 713. S. 427.

y) Chron. Austriac. in Tom. I. *Sim. Frider. Hahnii* Collect. Monument. pag. 775.

Der Kanzler **Estor** hat vollkommen recht. Das Beilager und die Brautnacht sind bei Standspersonen, wie bei gemeinen Leuten ehmals ganz verschiedene Gebräuche gewesen. *x*) Die Probenacht scheint den Ursprung zu den Vermählungen durch Gesandte gegeben zu haben. Es überzeugt uns davon Jacob Unrest, ein alter Oesterreichischer Kronikschreiber, *y*) wenn er die Heirat des römischen Königs Maximilians I. mit der Prinzeßin Anna von Brettagne beschreibt. „Kunig Maximilian — sagt er — schickt „seiner Diener einen genant Herbolo von „Pol-

in quibus vir obiit vltimo vestitus et saisitus.

x) Rechtsgelehrsamkeit der Teutsch. T. III. Hpstst. 100. §. 713. S. 427.

y) Chron. Austriac. in Tom. 1. *Sim. Frider. Hahnii* Collect. Monument. pag. 775.

„Polhaim gen Brittannia zn emphahen
„die Künigliche Braut: der war in der
„Stat Remis erlichen empfangen, und
„daselbs beschluff der von Polhaim die
„Künigliche Prawt, als der fürsten Ge-
„wonhait is, das ire Sendpotten die
„fürstlichen Prauwt mit ein gewapten
„Man mit den rechten Arm und mit dem
„rechten fus blos, **und ain plos
„schwert darzwischen gelegt**, be-
„schlaffen. Also haben die alten Fürsten
„gethan, und ist noch di Gewonhait.
„Da das alles geschehen was, war der
„Kirchgang mit dem Gotsdienst nach
„Ordnung der heiligen Kahnschafft mit
„gutem Fleiß verpracht." z)

z) Eine gleiche Ceremonie ließ Maximilian
bei seiner Heirat mit der Maria von
Burgund beobachten. Fugger Spiegel
der Ehren des Erzhauses Österreich,
B. V. C. 26. n. 16. „Herzog Ludewig
„von

Man sieht, daß das mit dem Gesandten gehaltene Beilager vor der ehlichen Einsegnung in der Kirche vorhergegangen ist. Folglich war es blos eine symbolische Vorstellung der alten Probenacht. Nachdem bald darauf diese Prinzessin von dem König Karl VIII. von Frankreich entführt wurde, so stritten die französi-

„von Bayren ließe sich als Stellverwe-
„ser im Nahmen Erzherzogs Maximi-
„liani die Prinzessin an die Hand trauen,
„und hielte nach fürstlichem Gebrauch
„mit ihr das Beilager. Er war am
„rechten Fuß und Arm mit leichtem
„Harnisch angethan und zwischen sie
„beyde ward ein bloßes Schwerd gele-
„get. Die Herzogin Margaretha,
„samt der Oberhofmeisterin, Frauen von
„Halwin, stunden auf einer, und die
„Räthe auf der andern Seiten. Und
„war diese Trauung den 26. April
„(1474.) um Mitternacht verrichtet.”

zösischen und teutschen Rechtsgelehrten sehr darüber, ob sie eine wirkliche Gemahlin Maximilians gewesen wäre, und Karl sich folglich eines Ehebruchs schuldig gemacht hätte. aa) Beide Teile hatten aber keinen richtigen Begrif von dem Ursprunge dises Geprängs, und nekten sich blos mit wizigen Einfällen, oder zogen mit Sentenzen aus dem römischen und kanonischen Rechte bewaffnet gegen einander zu Felde. Da die Probenacht zu dem Ende eingeführt worden ist, um die beziungsweise Tauglichkeit der iungen Gatten zum Ehestande zu prüfen, so ist ausser Zweifel, daß aus einer solchen Ceremonie noch keine vollkommene ehliche Verbindung entspringen kan. Mithin kan

aa) *Jo. Pet. de Ludewig* Dissert. de matrimoniis principum per procuratores. Halae 1724. Differ. IX. cap. 2. pag. 51. seqq.

kan auch das von einem Gesandten mit der Braut seines Prinzen gehaltene Beilager, weil es nur ein Sinnbild der alten Probenacht ist, für keine Vollziehung der Ehe gehalten werden, und die allgemeine praktische Meinung, daß eine solche Heirat keine rechtliche Wirkungen hervorbringen könne, entwikelt sich von selbst. Doch man verstehe das nur von der neuern Zeit. Denn im mitlern Zeitalter war das gesandtschaftliche Beilager zugleich ein Beweis, daß Sponsalia de praesenti vorgegangen sind, die nach kanonischem Rechte nicht mehr aufgehoben werden können. *bb*)

Der größte Teil der Gelehrten hat den Unterscheid inter Sponsalia de praesenti et de futuro für eine leere Vernünf-

---

bb) *Innocentii Cironii* Paratitla in II. poster. libros Decretal. Gregorii IX. p. 361.

nünftelei gehalten. Sie hätten aber gleich aus der langen Reihe Heiratsberedungen grosser Herren, worinn immer eine oder die andere Gattung der Verlöbnisse genau bestimmt wird, cc) urteilen können, daß die Sache einmal auf wichtigen Gründen beruht haben muß. Wirklich gehört sie auch unter die Menge ächter Volkssitte, die noch heutzutage im kanonischen Rechtskörper verwahrt ligt; denn Sponsalia de praesenti sind deswegen unauflöslich, weil bei ihnen ehmals die Probenacht vorhergegangen ist. Dise wahre Ursache zeigt sich in verschide-

cc) B. G. Struve in Jurisprud. Heroica, P. II. p. 479. seqq. hat sie gesammelt. Noch zur Zeit Kaiser Maximilians I. war man darüber sehr sorgfältig. Sihe seine merkwürdige Acten von 1515. in *Codice diplom. Regni Poloniae. Vilnae* 1758. *Tom. I. p.* 175. 177.

nünftelei gehalten. Sie hätten aber gleich aus der langen Reihe Heiratsberedungen grosser Herren, worinn immer eine oder die andere Gattung der Verlöbnisse genau bestimmt wird, *cc*) urteilen können, daß die Sache einmal auf wichtigen Gründen beruht haben muß. Wirklich gehört sie auch unter die Menge ächter Volkssitte, die noch heutzutage im kanonischen Rechtskörper verwahrt ligt; denn Sponsalia de praesenti sind deswegen unauflöslich, weil bei ihnen ehmals die Probenacht vorhergegangen ist. Dise wahre Ursache zeigt sich in verschide-

cc) B. G. Struve in Jurisprud. Heroica, P. II. p. 479. seqq. hat sie gesammelt. Noch zur Zeit Kaiser Maximilians I. war man darüber sehr sorgfältig. Sihe seine merkwürdige Acten von 1515. *in Codice diplom. Regni Poloniae. Vilnae* 1758. *Tom. I.* p. 175. 177.

schiedenen Dekretalen deutlich. Pabst Alexander III. verordnet, daß unter zwo Bräuten diejenige die wahre Ehfrau bleiben sollte, die zum wirklichen Beischlaf gelangt sei. *dd*) Bonifaz VIII. erklärt alle Sponsalia de praesenti, die zwischen Minderjährigen gehalten worden, für unwirksam, wenn anders kein Beischlaf darauf gefolgt ist. *ee*) Man sieht aus der unten angezeigten Urkunde, *ff*) daß im

dd) Cap. Vn. in VIto de desponsat. impub.
ee) *Ciron.* cit. l. L. IV. Tit. IV. §. 4. pag. 373.
ff) *Charta Amadei Lugd. Archiepisc. de a. 1438. ex Bibl. Reg. Parif.* Sponsalia inter se per verba de futuro contraxerunt, carnali copula subsequuta et prole procreata, cum lapsis aliquibus annis . . . . . ad solemnizationem matrimonii in facie Ecclesiae procedere vellent. . . . .

im mitlern Zeitalter vile Heiraten rechtsgültig bestanden haben, ohne daß eine pristerliche Einsegnung dabei vorgegangen, und dise oft sehr spät nachgehohlt worden ist. Es kömmt bei der Frage, ob das gesandtschaftliche Beilager ehliche Wirkungen haben kan, ganz auf die Entscheidung des Vordersazes an, ob dasselbe ein Sinnbild des hochzeitlichen Beischlafs oder nur der Probnacht ist. Im ersten Fall ist sie zu beiahen, im leztern aber nicht. Doch wenn man auf den Ursprung des ehlichen Beischlafs zurükgeht, so läuft aller Streit auf eine Logomachie hinaus.

IV.

IV.

Die Gebräuche unter den Negern zu Kongo stimmen mit den unsrigen, so wie im Ganzen, besonders in disem Stüke überein. Auch sie erforschen vorher die wechselseitige Fähigkeit zur Begattung sorgfältig, ehe sie sich in ein förmliches Ehebündnis einlassen. Wenn der Freier bei dem Mädchen eine Untauglichkeit entdekt hat, so bekömmt er den Kalún zurük. Mangelt es ihm aber an hinlänglicher Tüchtigkeit, so ist derselbe den Eltern des Mädchens verfallen. a) In dem Afrikanis-

---

a) *Dictionaire de Voyage Tome III.* p. 137. 138. L'ancien usage des Negres de Congos étoit de vivre quelque tems avec leurs femmes, avant que de s'engager dans le mariage, pour apprendre à se con-

ranischen Königreiche Fula *b*) bleibt einer
sol-

connoitre mutuellement par cette épreuve. La methode chrétienne leur paroissoit contraire au bien de la socété, parce qu'elle ne permet point qu'on s'assure auparavant de la fécondité d'une femme ni des autres qualités convenables à l'état conjugal. — Les parens d'un jeune homme envoyent à ceux d'une jeune fille pour laquelle il prend de l'inclination un présent, qui passe pour douaire, et leur font proposer leur alliance. Ce present est accompagné d'un grand flacon de vin de palmier. Le vin doit être bû par les parents de la fille avant que le présent soit accepté; condition si nécessaire, que la conduite du pere et de la mere passeroit autrement pour un outrage. Ensuite le pere fait sa reponse. S'il retient le présent, il n'a pas besoin d'autre explication pour marquer son consentement. Le jeune homme et tous ses amis se rendent aussi-
tôt

solchen verschmähten Weibsperson der be-
stimm-

tôt à sa maison, et reçoivent sa fille de
ses propres mains. Mais si quelques se-
maines d'épreuve & d'observation font
connoître au mari qu'il s'est trompé
dans son choix, il renvoye sa femme &
se fait restituer son présent. Si les su-
jéts du mécontentement viennent de
lui, il perd son droit à la restitution.
Mais de quelque coté qu'ils puissent venir, la jeune femme n'en est pas regar-
dée avec plus de mépris & ne trouve
pas moins l'occasion de subir une nou-
velle épreuve. Observez que le pere
de la fille ne doit jamais se plaindre de
la mediocreté du présent, s'il ne veut
pas-être accusé d'avoir vendu sa fille.

*b) Dictionaire des Voyages Tome IV. pag.
386. 387. Fula, Royaume d'Afrique.*
Lorsqu'un pere est resolu de marier son
fils, il fait ses propositions au pere de
la fille. Elles consistent dans l'offre
d'une certaine somme, que le pere du
mari

stimmte Wittum. Bei den Otahiten begatten sich beide Geschlechter solange unter einander, bis ein Mädchen schwanger wird; dann muß der Vater des Kinds die geschwächte Dirne ehligen. c)
Et-

mari doit donner à la femme pour lui servir de douaire; si cette offre est acceptée les deux péres & le jeune homme se rendent chez le pretre declarent leur convention & le mariage passe aussi-tôt pour conclu. — Ils ont le droit de renvoier celles, qui leurs deplaissent, mais en leur laissant la somme, qu'elles ont recue pour douaire.

c) *Millar Observations sur les Commencemens de la Societé, traduit de l'Anglois. A Amsterd.* 1773. p. 11. On dit que les habitans de l'Isle George connue sous le nom d'Otaïty sont dans l'usage de se livrer à leurs desirs avec toutes les femmes, qui leur plaisent, mais lorsqu'une fem-

Etwas ähnliches scheint auch auf der Insel Ceylau üblich zu sein. *d*) Von den meisten östlichen Bewohnern Rußlands erzählt uns der Ritter Cook: Die Heirats-

femme devient grosse, le pére suivant un ancien usage est obligé de l'épouser. Il paroit donc que chez ces peuples le soin des enfans est le seul motifs, qui ait fait établir le mariage.

d) *Dict. de Voyage*, Tome III. page 387. Ceylan. Leurs mariages sont une pure céremonie, qui consiste dans quelques présens, qu'un homme fait à sa femme, & qui lui donnent droit sur elle, lorsqu'ils sont acceptés. Les peres ne laissent pas de donner pour dot à leurs filles des bestiaux, des esclaves & de l'argent. — S'ils ont des enfans les garçons demeurent au pere, & les filles suivent la mere. Les hommes & les femmes se marient ordinairement quatre ou cinq fois avant que de se fixer solidement.

ratsgebräuche diser Völker sind sehr vernünftig, ob sie mir schon mit den Gewohnheiten irgend eines andern Landes, das ich kenne, nicht zu harmoniren scheinen. Sehet da! worinn sie bestehen. Ein iunger Mensch und ein iunges Mädchen kommen miteinander überein, ein Jahr lang als Ehmann und Ehfrau beisammen zu leben und zu wohnen. Wenn die Frau in diser Zeit ein Kind bekömmt, so ist die Ehe bestättigt und gesezmäßig. Hat sie keines, so verstehen sie sich entweder miteinander, die Probezeit noch um ein Jahr zu verlängern, oder sie trennen sich, und die Sache hat für das Weibsbild gar keine nachteilige Folgen, indem sie gleich ein anderer wider mit eben der Begirlichkeit auf die Probe sezt, als wenn ihre Jungferschaft ganz ungekostet wäre. e) Die Gewohnheit unter

E 2 den

e). *Travels trough the Russian Empire and Tartary, Vol. I. ch.* 56.

den Taxilern und Brachmanen erklärt sich iezo selbst. *f)*

Unter den Kamtschadalen *g)* muß der Freier in dem Hause seiner Gelibten Diuste nehmen, und sich unter diser Zeit um ihre Gunst zu bewerben suchen. Erhält er den Beifall der Eltern, so darf er sie gleich auf der Stelle beschlafen, und den andern Morgen in seine Heimat führen. Nach Verlauf einiger Zeit kehren

---

f) *Alexandri ab Alexandro Genial. dierum; Hanoviae,* 1610. L. 1. cap. 24. fol. 40. Apud Taxilos Brachmanesque, si qua propter inopiam virum nancisci non posset, in forum virgo producebatur, et classica euocata turba, *pudibundisque ostensis et reuelatis*, cui complacita erat, nuptui dabatur.

g) *Hist. de Kamtschatka, des Isles Kurilski & des contrées voisines,* trad. de l'Anglois *par Eidous,* Tome I. p. 193.

ren beide Verlobte wider zurük, und feiren erst iezo bei der Braut Eltern die Hochzeit. Unter den Mingreliern *h*) Kalmaken *i*) und Jaiker Kosaken *k*) beschläft

E 3 der

h) *Chardin Voyage en Perse, Tome I. p. 136.* Laquelle demeure cependant toujours avec ses parens comme auparavant, mais ou son futur Epoux a la liberté de l'aller voir de tems en tems, d'où il arrive quelque fois, qu'elle est grosse avant les Epousailles. Quand le mari a amassé ce qu'il a promis, le pére de l'Epouse prépare un festin solennel.

i) Merkwürdigkeiten der Mordwanen Kosaken, Kalmaken, Kirgisen, Baschkiren ꝛc. Frankf. u. Leipzig, 1773. S. 261. Indeß sind dem Bräutigam schon zwei Jahre vor der Verlobung kleine Freiheiten bei der Braut erlaubt; doch muß er, wann vor der Hochzeit eine Schwängerung erfolgt, es bei der Braut Eltern durch Geschenke gut machen.

k) Am

der Bräutigam seine Braut schon während der Zeit, da er noch die Summe des Ehkaufschillings aufzubringen hat, und es geschiht auch meistenteils, daß sie um dise Zeit schwanger wird. Sonderbar ist das Gepränge bei der Vermählung eines Negers auf der Goldküste mit einem unmannbaren Mädchen, *l*) und dem Beispile

k) Am a. O. S. 111. Es darf sich auch in diser Zeit der Bräutigam in der Stille schon die Freiheiten eines Ehemannes bei der Braut herausnehmen.

l) Lorsqu'une femme se marie trop jeune pour la consommation, l'usage demande quelques autres cérémonies. Le jour de la célébration, tous les parens des deux familles s'assemblent dans la maison du pere de la fille, & se livrent à la joie jusqu'au soir. Ensuite la jeune mariée est conduite au lit de son mari, mais sous les yeux de deux matrones. Cette formalité se renouvelle trois nuits con-

spile von Kaiser Friderich III. zimlich gleichartig. *m*)

consécutives, après lesquelles la jeune femme est ramenée chez son pere, pour y demeurer jusqu'à l'âge nubile. Le mari donne alors un akki d'or à chacune des deux matrones qui ont servi des gouvernantes à sa femme. *Dict. des Voy. T. IV. p.* 29. *Négres du Côte d'or.*

m) Hiher gehört auch die Gewohnheit der Bukaren. Du Halde Beschreibung des Chinesischen Reichs und der großen Tartarey. Teil IV. Rostock, 1749. S. 105. „Er findet sie (die Braut) als„denn im Bette liegend, und er leget „sich in seiner völligen Kleidung und in „Gegenwart aller verehlichten Frauen, „nur auf einen Augenblick ihr zur Sei„ten. Dise Comödie wird drei Tage „nach einander gespilet, und nur am „dritten Tage des Abends hat der Bräu„tigam

Wenn einer an der Massachusets-
bay in ein Frauenzimmer verlibt wird,
so erklärt er seine Wünsche ihren Verwandten, und wenn dise einwilligen, so
gestattet ihm iene den Tarry, d. i. er darf
eine Nacht bei ihr zubringen. Vater
und Mutter entfernen sich um die ge-
wöhnliche Stunde, und lassen die iungen Leute in Freiheit. Dise wachen hernach beieinander den größten Teil der
Nacht über, und legen sich am Ende zusammen ins Bette. Doch darf weder er
seine Beinkleider noch sie ihren Unterrok
ablegen. Wenn sie miteinander zufriden
sind, so erfolgt unverzüglich die Hochzeit;
wo

„tigam Erlaubnis, sich ohne Zeugen mit
„seiner Braut zu Bette zu legen. Es
„würde ihm schimpflich sein, wenn er
„ihr eher etwas zumuten wollte. End-
„lich am virten Tage führt er sie in sein
„Haus."

wo nicht, so scheiden sie sich, um einander nimals wider zu sehen; ausgenommen das Mädchen wäre schwanger geworden, da ist er (der Pursche) bei Strafe des Bannes verbunden, sie zu heiraten. n) Ueberhaupt fordern die Sitten der Wilden, daß der Libhaber seine Gelibte in den ersten Nächten mit grosser Schonung behandle. Man sehe davon die merkwürdige Beschreibung des Capitaine Cook, o) und vergleiche dabei Kraften.

n) *Journal Encyclop. de Bouillon* 1775. Tome V. P. III. p. 448.

o) *Journ. Encycl. T. V. P. III. p. 22.* Les femmes de la Nouvelle-Zelande, quoique decentes & modestes, ne sont pas inaccessibles; mais elles se rendent & vendent leurs faveurs du consentement de leurs familles, qu'elles obtiennent ordinairement au moyen d'un présent con-

Der P. Lafitau scheint also von
den Sitten der Amerikaner nicht genau
unterrichtet gewesen zu sein, wenn er ge‑
glaubt hat, daß sie ein ganzes Jahr hin‑
durch miteinander in der Ehe lebten, ohne
sie zu vollziehen.

In

convenable. Ces préliminaires établis,
dit Cook, il faut encore traiter la fem‑
me pendant une nuit avec beaucoup de
delicatesse, & l'amant, qui s'avise de
prendre avec elles de libertés contraires
à cet égard, est bien sûr de ne pas reuf‑
fir dans son projet. Un des nos offi‑
ciers ajout'il, s'ètant addressé pour
avoir une femme, a une des meilleures
familles du pays, en reçut une reponse
qui traduite en nôtre langue repond ex‑
actement à ces termes. Toutes ces jeu‑
nes femmes se trouveroient fort hono‑
rés de vos déclarations, mais vous devez
d'abord faire un préfent convenable, &
venir coucher une nuit à terre avec nous,

car

In Lithauen verweigern die Eltern gemeiniglich die Ehen ihrer Töchter so lange, bis dise von den Freiern aus dem elterlichen Hause geraubt werden, und ihnen die Jungferschaft mit Gewalt genommen wird: dann geben sie erst das Hochzeitfest. Es ist auch bei ihnen wahrzunehmen, daß sie eine iunge Gattinn beständig für eine Jungfer halten, bis sie in die Wochen kömmt. *p*) Der Professor Müller hat in Sibirien bemerkt, daß die Bräute dort ebenfalls geraubt und vor der Hochzeit beschlafen würden. *q*) In

car la lumiére du jour ne doit point être temoin de ce, qui se passera entre vous.

p) *Joach. Jo. Mader.* de coronis nupt. Helmst. 1662. p. 55. et 57. Von den Abenakisen *Lafitau Moeurs des Sauvages*, T. I. p. 575.

q) D. Joh. Georg Gmelins Reise durch Sibirien, I. Teil. Göttingen, 1731. S. 143.

In den äussersten Nordländern darf die Neuvermählte ihren Mann, mit dem sie nicht zufriden ist, verlassen, und zu ihren Eltern zurükkehren. r)

„Wenn

r) Neuere Geschichte der Polarländer. Berlin, 1778. Th. I. S. 31. 32. „Wenn „die Eltern den Antrag der alten Frauen „annehmen, so rufen sie ihre Tochter „zurük, um ihr die Sache zu hinterbrin= „gen, und dise reißt ihre Haare ausein= „ander, bedekt sich damit das Gesicht „und fängt an zu weinen, um gleich= „sam einigen Widerwillen zu erkennen zu „geben, ohne jedoch den Antrag weder „anzunehmen noch abzuweisen. Wenn „sie in dem väterlichen Hause ihres „Mannes angekommen ist, so bleibt sie „eine Zeitlang sizen und fährt beständig „fort zu weinen; die Eltern hingegen „reden ihr zu, und sagen zu ihr, daß „sie mit ihrem Mann zufriden sein wür= „de. Diser kömmt darauf selbst herbei „und

„Wenn in Neufrankreich, sagt
„Kraft, s) sich eine Person verheiratet,
„so wird es für die größte Schande ge-
„halten, wenn die neuverheiratete Frau
„im ersten Jahre nach der Hochzeit
„schwanger wird; solange dises erste
„Jahr dauert, muß der iunge Ehmann
„sich

„und nötigt sie, daß sie ohne Umstände
„sich an seiner Seite niederlegen möchte.
„Sie schlägt es anfänglich ab; allein er
„wiederhohlt sein Bitten; sie gibt endlich
„nach und die Vollzihung der Heirat en-
„diget die Ceremonie. Wenn es sich
„zuträgt, daß eine Neuverheiratete Ur-
„sache hat ihren Mann zu verlassen, so
„begibt sie sich zu ihren Eltern, die sie
„auch wider aufnehmen."

s) Die Sitten der Wilden zur Aufklärung des Ursprungs und Aufnahme der
Menschheit von Jens Kraft, Prof. zu
Sorde, aus dem Dänischen. Kopenha-
gen, 1766. II. Abth. §. 8.

„ſich zu ſeiner Braut ſtehlen, und ſie nur
„allein des Nachts ſehen." Wer ſiht
nicht, daß hir erſt nach der Vermählung
die Probezeit gehalten wird? Man kan
alſo iezt den wahren Grund der Ehſtands-
ſitte erkennen, die der P. Lafitau *t*) unter

t) *Moeurs des Sauvages Américains,* Tome
I. p. 574. Il eſt de l'ancien uſage par-
mi la plûpart des nations ſauvages de
paſſer la premiere année aprés le mariage ſans le conſommer. La propoſition
avant ce tems là ſeroit une inſulte faite
à l'épouſe, qui lui feroit comprendre
qu'on auroit recherché ſon alliance
moins par eſtime pour elle, que par bru-
talité. Et quoique les époux paſſent la
nuit enſemble, c'eſt ſans préjudice de
cet ancien uſage; les parens de l'épouſe
y veillent attentivement de leur part, &
ils ont ſoin d'entretenir un grand feu
devant leur natte, qui éclaire continuel-
lement leur conduite & qui puiſſe ſervir
de

ter den meisten wilden Völkern von Amerika beobachtet hat, und iedermann wird davon überzeugt werden, wenn er damit vergleicht, was Home *u)* und Millar *v)* über disen Punkt gesammelt haben. Schon von dem ältern Sparta und Athen sind uns ähnliche Sitten bekannt. Spuren von der ehmals gehaltenen Probzeit siht man noch in Grönland, und es widerlegt sich daher die Behauptung eines gewissen Schriftstellers, daß ein Grönlän-

de garant, qu'il ne se passe rien contre l'ordre prescrit. Man sehe, was Seite 575. darauf folgt, und vergleiche die Beobachtung des Ritter Cook im Journal Encyclopédique de Bouillon, Tome V. P. III. p. 22.

u) Versuch über die Geschichte des Menschen, Teil I. S. 224. u. 225.

v) Observations sur les commencemens de la Société.

länder seine Neuvermählte, die ihm wegen seiner Unvermögenheit entlaufen ist, wider mit Gewalt zurüknehmen könne. In Afrika trift man die förmliche Probenacht unter den Hotentotten an. w) Sie ist hir mit viler Gewalttätigkeit verknüpft, und geschiht etliche Tage vor der Trauung. Home hat davon dise Beschreibung: „Sobald als alle Materien „unter den alten Leuten berichtigt sind, „so wird das iunge Paar miteinander in „ein Zimmer eingeschlossen, wo sie die „Nacht zubringen, **um mit einander „um den Vorzug zu streiten,** wel„ches immer ein sehr ernsthaftes Werk „wird, wenn sich die Braut recht zur „Wehre sezt. Ist sie nun halsstarrig „bis ans Ende, ohne sich zu ergeben, so „wird

w) M. Peter Kolbens vollständige Beschreibung des Vorgebürgs der guten Hofnung. Nürnberg, 1719. Teil II. Brif IX. S. 452.

„wird der iunge Mann wider fortge-
„schikt; behält er aber die Oberhand,
„welches gemeiniglich geschiht, so wird
„die Heirat durch eine andere Ceremonie
„vollzogen, die nicht weniger sonderbar
„ist." Entweder ist dise Stelle vom
Uebersezer unrecht verteutscht, oder Home hat seine Autoren nicht verstanden.
Sie sprechen deutlich. Der Grund der
Sitte ist kein abgeschmakter Streit
um den Vorrang, sondern eine Untersuchung, ob der Freier die zureichende Leibsstärke besizt. Ebenden Endzwek hat auch die ähnliche Gewohnheit
bei den Kamtschadalen, *x*) worauf
her-

---

x) *Histoire de Kamtschatka*, Tome II. p. 191.
Après qu'un amant a obtenû la liberté
d'enlever sa maitresse, il epie l'occasion
de la trouver seule ou dans la compagnie
d'un petit nombre des personnes; car
toutes les femmes du village sont obligées
de la proteger; d'ailleurs elle à deux ou
trois

hernach unmittelbar die Probenacht folgt. *y*)

trois robes sur le corps, et elle est tellement entortillée de courroies et de filets, qu'elles n'a pas plus de mouvement, qu'une statue, si l'amant est assez heureux pour la trouver seule ou peu accompagnée, il se jette sur elle, & commence par lui arracher ses habits, ses filets & ses courroies; car toute la cérémonie du mariage consiste à la mettre nue. *Page 193.* —— —— S'il est assez heureux pour reussir, il s'enfuit à l'instant; & l'épouse pour marquer sa defaite, le rappelle d'un ton de voix tendre & flatteur & le mariage est conclu.

y) *Hist. de Kamtschatka*, p. 193. Cette cérémonie finie, il a la liberté de coucher avec elle la nuit suivante, & le lendemain il l'emmene dans son village. Au bout de quelque tems le mari & la femme retournent chez leurs parens & l'on célèbre le mariage de la manière, dont j'ai été témoin en 1739.

V.

V.

Selbst bei Völkern, die sich zu einem hohen Grade von Cultur emporgeschwungen haben, findet man die ehliche Probzeit, oder es zeigen sich wenigstens Spuren von ihrer ehmaligen Beobachtung. Schon zur Zeit Mosis erfolgte bei den Hebräern unmittelbar auf das Verlöbnis der Beischlaf, und doch erhielt die Braut dadurch die Rechte einer Gemahlin noch nicht, *a*) obschon sie, wenn sie sich hernach mit einem andern vergieng, als eine Ehebrecherin gestraft wurde. *b*) Dise Pro-

a) *Blasii Vgolini* Thesaur. Antiqu. sacrar. Vol. XVII. col. 1067. et Vol. XXX. col. 66. 68. 74. 784.

b) Strodtmanns Uebereinstimmung der teutschen Alterthümer mit den biblischen. S. 77.

Probenacht ist bei ihnen nicht erst durch die Rabbinen eingeführt worden, wie der P. Calmet glaubt, c) sondern sie war schon in der ältesten Zeit herkommlich, wie Burtorf d) und Ugolini e) erwisen haben. Die außerordentliche Genauigkeit, mit welcher bei disem Volke die Zeichen

c) *Diss. sur les mariages des Hebreux dans son Commentaire lit. sur l'ancien & nouveau Testament. A Paris, 1713. p. 160.* L'engagement par la cohabitation étoit selon les Rabbins permis par la loi; mais il avoit été sagement défendu par les anciens, à cause du danger & des inconvéniens des mariages clandestines & des plusieurs autres abus aisez à concevoir. *Selden. in Vxore Hebraea, L. II. c. 2.*

d) *Diss. de sponsal. et divort.* in Tom. XXX. Antiquit. sacr. col. 66.

e) *De Vxore Hebraea*, C. V. §. 4. in Vol. XXX. Antiquit. Venetiis 1766. col. 286.

chen der Jungferschaft gefordert worden, streitet nicht gegen unsere Gewohnheit. Denn kan man wol von der beiderseitigen Ehestandstauglichkeit der iungen Gatten besser überzeugt sein, als wenn iene Zeichen zum Vorschein kommen? Man sehe hierüber die Betrachtung des Hofrath Michaelis zu Göttingen. *f*)

Ihre Philosophen, die praktischen Essener, hiengen den alten Gebräuchen am strengsten an, und nahmen daher ihre Weiber vorher drei Jahre auf die Probe, ehe sie sich förmlich mit ihnen verheirateten, und enthielten sich ihrer Umarmung wider, wenn sie zur Zeugung untüchtig geworden waren. *g*) Die Grichen

---

f) Mosaisches Recht, II. Teil. Frankf. am Main, 1776. §. 92. S. 164.

g) Zimmermann von der Einsamkeit, S. 60.

chen und Römer, die sich besonders angelegen sein ließen, das Andenken ihrer Ursitten durch eigene symbolische Gebräuche zu erhalten, haben ebenfalls davon Ueberbleibsel aufbewahrt. Es ist bekannt, daß bei ihnen das feierliche Hochzeitmahl *h*) und die förmliche Heimführung *i*) zum Beweise einer vollzogenen Ehe dinten. Noch ehe bei den Grichen dise beiden Ceremonien vor sich giengen, durfte der Bräutigam seine Braut in ihres Vaters Wohnung beschlafen. *k*) Lykurg, der bei seiner Gesezgebung immer

am

h) *Jo. Guil. Stuck Tigur.* Antiquit. conviv. L. I. c. 24. Inter opera Amstel. 1695. Tom. I. pag. 110.

i) *Heineccii* Antiquit. Rom. Synt. L. I. Tit. X. §. 4. p. 145.

k) *Jul. Pollux* Onomast. L. III. cap. 3. n. 4.

am wenigsten von den ächten Sitten der Menschheit abwich), befahl den Spartanern, daß sie ihren neuvermählten Weibern solange verstohlener Weise beiwohnen sollten, bis sie schwanger würden. *l*) Im ältern Rom mußte die Braut nach dem geschehenen Beilager etliche Zeit in einem besondern Gartenhause zubringen, ehe ihre Ehe durch die Heimführung, durch das Ehkaufsgepränge und durch
die

l) Man sehe die merkwürdige Beschreibung beim Plutarch *in Vita Lycurgi*, und bei Potter in der Grichischen Archäologie nach der Uebersezung Rambachs, Teil II. Halle, 1776. S. 537. Sihe auch *Nic. Cragium de republ. Lacedaemon.* Lugd. 1670. L. III. Inst. VII. p. 226. sequ. Wenn man dieselbe mit etlichen andern Sitten der amerikan. und asiatischen Völker vergleicht, so ist klar, daß es ursprünglich nichts anders, als die Haltung der Probzeit gewesen.

die Confarreation die gewiße Bestätigung erhielt. *m*)

m) *Nic. Hier. Gundling* de emptione vxorum, dote et Morgengaba. Lipf. 1744. C. I. §. 14. p. 13. *Rad. Forner* rerum quotid. Paris 1606. L III. c. 29. fol. 121. *b.* *P. Perrenonii* Animaduerf. et var. lect. L. I. c. 6 et 9. In *Ottonis* Thefauro Jur. Rom. Tom. I. p. 600. et 602.

VI.

VI.

Bei den meisten Völkern finden sich also Kennzeichen der Probenacht. Und wenn sie mit gewissen ähnlichen Gebräuchen anderer Nationen verglichen werden, so kömmt man zur Erkenntnis einer allgemeinen Ursitte der Menschheit. Auch die Wahrnehmung, daß vile Gebräuche unter den Menschen, die man verschiden zu sein glaubt, oder die wenigstens moralische Unschiklichkeiten an sich zu haben scheinen, aus einer und ebenderselben Quelle herrühren, wird dadurch ungemein beleuchtet und ins Klare gebracht. Sie sind meist in der physischen Beschaffenheit unsers Körpers gegründet, und bestehen daher mit der natürlichen Unschuld unsrer Gattung sehr gut. Fast alle rohen Völker auf dem Erdboden sind

bei ihrer Verheiratung auf die Zeichen der bewahrten Jungfrauschaft aufmerksam, und verlangen diselbe bei ihren Bräuten ohne Nachsicht. *a*) Andere Nationen scheinen über disen Punkt etwas gleichgültiger zu sein, *b*) und verschidene

a) Zu der grossen Menge Reisebeschreibungen und Beobachtungen gehört insbesondere *Niebuhr* Description de l'Arabie, Tome I. p. 31. suiv. *Leo African.* in descript. Africae, L. III. c. 34.

b) *Recherches Philosophiques sur les Américains par M. de P.* A Berlin 1769. Tome I. p. 194. Tandis que le Landinois, où les Peruviens soumis aux Espagnols ne se marient aujourd'hui qu'avec des filles, qui ne sont plus vierges; ils se croiroient déshonorés si leurs femmes n'avoient couché avec plusieurs amants avant leurs noces. Nachrichten von Kalifornien, Teil II. §. 6. „Es lebte „damals niemand ohne tägliches Ehe„brechen

schidene Völkerschaften in Asien erlauben ihren unverheirateten Töchtern, sich der öffent-

„brechen und dieses ohne alle Furcht,
„also daß ihr Beysammenwohnen nichts
„weniger als einem wahren Ehestand
„gleich sah, und in der Sach selbst war
„alles gemein; die Eifersucht aber ein
„unbekanntes Thier unter ihnen war.
„Ja es besuchten sogar einander, und
„das nicht selten, die benachbarte Völ=
„kerschaften in der einzigen Absicht, et=
„liche Tage im öffentlichen Luderleben
„untereinander zuzubringen, bey wel=
„cher Gelegenheit alles preis war."
Dictionaire des Voyages, Tome I. p. 96.
Avant le mariage non seulement les filles se livrent sans honte aux hommes libres, mais leurs parens même les offrent au prémier venu, & caressent beaucoup leur amant. Mais lorsqu'elles sont attachées par des promesses; seule formalité qui le lie, on cesse de les solliciter; elles cessent elles mêmes de prè-
ter

öffentlichen Wollust in dem Tempel preis zu geben. c) Unter den Afrikanischen Stämmen werden vorzüglich die Mädchen zu Gattinnen ausgesucht, die ihre Reizungen vile Jahre auf Wucher gesezt, und schon im ledigen Stande Kinder gebohren haben. d) An andern Orten wird die

ter l'oreille aux follicitations, & celles, qui manquent à leur engagement fans l'aveu de leur mari font affomées fans pitié.

e) *Alexander Sardus Ferrarienf.* de moribus ac ritibus gentium, Edit. *Claufingii,* L. I. cap. III. pag. 586. *Alexander ab Alexandro* Genial. dier. L. I. cap. 24. fol. 40.

d) *Hift. Génér. des Voiages,* Tome IV. L. VII. ch. 13. §. 1. Tome VI. L. XIV. ch. 3. §. 4. *Voiages des Jefuites,* Vol. II. p. 446. *Alex. ab Alex.* L. I. c. 24. fol. 40. Isaak Iselin über die Geschichte der Menschheit. Zürich 1770. Band

die Schöne dem Fremden bei seiner Ankunft zum Beischlafe angeboten, und macht er von diser vorteilhaften Anerbitung Gebrauch, so strebt hernach ieder Bidermann nach der Ehre, ihr Gemahl zu werden. e) Ueber die Brautnacht selbst

Band I. S. 355. Um sich aber bessere Begriffe von diser Gewohnheit zu machen, als unser Autor, muß man die Stellen damit vergleichen, die ich in diser Nachbarschaft herum anführe.

e) *Relation d'Islande dans le Recueil des Voiages au Nord. A Amsterdam 1715. Tome I. page 35.* Les filles, qui sont fort belles dans cette Isle, mais fort mal vetûes vont voir ces Allémans, & ofrent à ceux, qui n'ont pas des femmes de coucher avec eux pour du pain, pour du biscuit & pour quelqu' autre chose de peu de valeur. Les péres mêmes, dit‒on, présentent leurs filles aux Etrangers. Et si leurs filles

selbst hat es bei den südlichen und nördlichen Völkern ganz entgegenstehende Gewohn-

deviennent grosses, ce leur est un grand honneur. Car elles sont plus considerées & plus recherchées par les Islandois, que les autres. Il y a même de la presse de les avoir. *Dictionaire des Voiagas, Tome I. p. 108. Angoy, Roioume sur la Côte de Congo.* Les femmes, qui reçoivent des étrangers dans leurs maisons sont obligées de leur accorder leurs faveurs pendant les deux prémieres nuits. Aussitôt qu'un Missionaire Capucin arrive dans le pays, ses intérprètes avertissent le public, que l'entrée de sa chambre est intérdite aux femmes. Dise Vorrechte der Fremdlinge erstrefen sich zuweilen auch auf Eheweiber. A. a. O. *p. 346. Benin.* La Jalousie des Négres est fort vive entre eux; mais ils accordent aux Européens toutes sortes de libertés auprès de leurs femmes; & cette indulgence va si loin, qu'un mari, que

ses

wohnheiten. Bei jenen wird sie den Fremden oder geringern Personen, und nicht selten neben der Bezahlung überlassen und für ein entehrendes Werk gehalten; *f*) dahingegen sie bei disen nur ein Vor-

ses affaires appellent hors de sa maison y laisse tranquillement un Européen, & recommande à sa femme de le réjouir & de l'amuser; d'un autre côté c'est un crime pour les Négres d'approcher de la femme d'autrui. Dans les visites, qu'ils se rendent entr'eux, leurs femmes ne paroissent jamais & se tiennent renfermées dans quelque appartement intérieur; mais tout est ouvert pour un Européen, & le mari les appelle lui-même, lorsqu'elles sont trop lentes à se présenter. Von den Einwohnern zu Otaheite aus Bougainville Home im Versuche über die Geschichte des Menschen, Band I. Versf. VI. S. 204.

f) *Histoire de Kamtschatka. A Lyon 1769. Tome II. p. 196.* Ces cérémonies n'ont lieu,

Vorrecht des Herrschers, des Adels, oder, besonders in Indien, der Priesterschaft ist. g) Ebendaher verehrt man in Egypten und andern Asiatischen Ländern

die

lieu, que dans un prémier mariage. Les personnes veuves peuvent se marier, lorsqu'il leur plait; mais le mari ne peut coucher avec sa femme, qu'on ne lui ait oté ses pechés. Il faut, que ce soit un étranger, qui le fasse, en couchant une nuit avec elle; mais comme cette fonction passe pour très deshonnorante chez les Kamuschadales. — — —
Alex. ab Alex. L. I. cap. 24. fol. 40. *b.*
Garcilasso de la Vega, L. II. chap. 19.
Buffon hist. nat. L. VI. ch. 11. p. 107. 196 & 357. *Hist. génér. des Voiages*, L. IX. ch. 1. p. 311. ch. 7. §. 4. p. 357. L. X. chap. 4. pag. 329. suiv. & pag. 589.

g) P. *Greg. Tholos.* de Republ. L. IX. C. I. n. 45. per Wilh. Velthurtens Schiffahrtserzehlung. *Alex. ab Alex.* L. I.

die plözliche geile Ueberraschungen, die von den Mönchen auf der Straße geschehen, als andächtige Handlungen. *h)* Man findet die Brautnacht noch in andere Gebräuche gehüllt, die uns zweifelhaft

L. I. c. 24. fol. 40. *b.* Linschoten Oriental. Reisen, Th. I. S. 17. Roger im Heidentum, P. I. cap. 11. pag. 99. *Alex. Sardus* L. I. c. 5. p. 589. *Rottmanni* Rit. nuptur. c. 15. *Grupe* de Vxore Theotisca, C. I. p. I. seqq. der zwar die Sache beim neuern Europa läugnen will, allein er ist teils in Iselins Versuch über die Geschichte der Menschheit, Band I. S. 333. widerlegt, und teils hat sich die Sache durch neuerlich entdekte Dokumente aufgeklärt. Vergl. *Conr. Phil. Hoffmanni* Diss. de die ac nocte nuptiali. Regiom. 1743 §. 6. 7. p. 53. 54. Baumanns Statistik von Asien, S. 406.

h) Zimmermann von der Einsamkeit, Seite 20.

G

haft laſſen, welchen moraliſchen Begrif man damit verband. Von der Art iſt z. B. iener, wo die Braut vorher von allen Hochzeitgäſten oder Verwandten, und am Ende erſt vom Bräutigam beſchlaffen wird. *i*)

Dem Anſcheine nach ſollte alles diſes die Richtigkeit unſrer Beobachtung von der Allgemeinheit der ehlichen Tüchtigkeitsprobe bei den neuen Gatten bezweifeln.

i) *Alex. ab Alex.* L. I c. 24. fol. 40. *b*. *Alex. Sardus* L. I. c. 5. p. 589. *Jo. Guil. Stuck* Antiquit. Conuiv. inter opp. Lugd. et Amſterd. 1695. Tom. I. L. I. c. 24. p. 111. *Alex. Velutell.* L. I. c. 24. Apud Troglodytas foeminas viris deſponſatas cognati affinesque producunt, illasque promiſcuis adulteriis patere ſinunt; poſtea perpetuae pudicitiae adſcriptae ſeueriſſimis poenis vel minima coniectatione, ſi deliquiſſent, coercebantur.

feln. Der erste Einwurf von der Sitte, die Kennzeichen der bewahrten Keuschheit bei der Verheiratung zu fordern, ist auch wirklich sehr wichtig, indem nicht geláugnet werden kan, daß dises bei allen rohen und Urvölkern gebräuchlich gewesen und zu vermuten ist, daß bei einer Probzeit die Jungfrauschaft verloren gehen muß, folglich bei der erst lange darauf folgenden Vermählung nicht mehr bewisen werden kan. Nichtsdestoweniger wird man bei der nähern Untersuchung diser Sitte finden, daß sie in den ältesten Zeiten neben der Probzeit in Uebung gewesen ist, und in der Folge mit iener einerlei Endzwek gehabt hat. Weil die Absicht der Ehestandsprobe nur dahin gieng, die wechselseitige Zeugungstauglichkeit zu erforschen, so war sie schon erreicht, wenn der Bräutigam die Beweise der iungfräulichen Keuschheit erhalten hatte. Es konnte der Fall, daß die Ehe nicht

nicht zu Stand käme, und folgbar das Frauenzimmer mit einem andern neue Proben machen müßte, aus dem Grunde nicht entstehen, weil derienige, der ihr einmal die Jungferschaft geraubt hatte, sie notwendig zur Ehe behalten mußte. Es ist auch zu glauben, daß verschidene Völker bei mehrerer Polizirung die Probenacht wegen ihres leichten Misbrauchs abgeschaft, und allein die Auffindung der iungfräulichen Kennzeichen beibehalten haben, als wodurch ebenderselbe Endzwek erreicht wurde. Denn wo unstreitige Beweise der geraubten Jungferschaft vorhanden sind, da müssen gewiß die wechselseitige Zeugungsfähigkeiten außer Zweifel sein. Ebensowenig als dise Hauptsitte der Probenacht widerspricht, sowenig geschiht es von den andern. Vile Philosophen haben es bemerkt, daß bei den meisten Gewohnheiten, die oben erzehlt wurden, die Versichesicherung der weiblichen Fruchtbarkeit die Hauptabsicht gewesen. Sie kommen daher auch so weit mit der Probzeit überein, als sie die Früchte des Ehestands befördern helfen, und sind nur darinn verschiden, daß sie etwas einseitig und bei einer zufälligen Untauglichkeit der Mannsperson jenen Hauptzwek der Begattung dennoch verfehlen. Die Sitte, daß der Genuß der Brautnacht fremden Personen überlassen wird, scheint von einer gewissen Schlaffheit der männlichen Körper herzurühren, und da wäre ungefehr wider ebenderselbe Endzwek, wie bei der Probenacht, vorhanden. Denn was disen Männern selbst an zureichender Leibesstärke und Mannheit abgeht, ii) das wissen sie durch andere taug-

ii) Lintschottens Oriental. Schiffarth P. I. c. 33. erzehlt von den Einwohnern in Goa: „Daß, wenn ihre Tochter eine „Braut,

tauglichere Subjekte zu ersezen, und ihre Ehe, die ohne dises Hilfsmittel ganz unfrucht-

„Braut, dieselbe mit großem Triumph,
„allerley Instrumenten und Saitenspiel
„dem Bräutigam zu sonderbaren Ehren
„und vermeinten Ruhm, vor ihrem Pa-
„gode oder Abgott, an dessen Bildnis
„ein männliches Glied von Helffenbein
„gemacht ist, geführet werde. Dieser
„scheußliche Priapus muß der Braut
„ihre Jungferschaft mit schmerzlicher
„Gewalt nehmen, indem ihre nächsten
„Freunde so ungestümlich darauf stoßen
„und andrücken, daß sie jämmerlich
„schreyet und heult, aber vor dem Ge-
„thön der dabey erschallenden Instru-
„menten nicht gehört wird. Man läßt
„sie nicht eher wieder loß, bis das Blut
„zu einem Wahrzeichen an dem unfläti-
„gen Gott hangen bleibt. Drauf wird
„die Braut dem Bräutigam überant-
„wortet, welcher sich höchlich erfreuet,
„und es für eine große Wohlthat achtet,
„daß

fruchtbar bleiben müßte, ihrem Zweke näher zu bringen. Man darf desto weniger zweifeln, daß sich der Fall in heissen Ländern häufig zuträgt, als man selbst in verschiedenen großen Städten Europens dergleichen sichere Erfahrungen gemacht hat. Zu was für verzweifelte Mittel zuweilen die Amerikanerinnen bei der Kaltblütigkeit ihrer Männer die Zuflucht nehmen, das sehe man in der Note *k*).

„daß ihm der Pagode so viel Ehre an= „gethan, und ihn einer so großen Mühe „und Arbeit überhoben habe."

k) *Recherches philos. sur les Américains, Tome I. page 63.* Le defaut des femmes Américaines avoit peut - être fait naitre ce goût pour la non - conformité dans des hommes indifférents, qu'une jouissance aisée ne tentoit point. Cèla est d'autant plus croiable, que dans plusieurs

Jene Gewohnheiten, wo sich die Mädchen in öffentlichen Tempeln der gemei-

sieurs endroits ces femmes tachoient de remédier au défaut physique de leur organisme, en faisant enfler singulièrement le membre génital des hommes; elles y appliquoient entr'autres drogues des insectes vemineux & caustiques, qui étant irrités jusqu'à la fureur occasionnoient par leur piqueure une extumescence considérable & prèsque monstreuse; ainsi que l'a observé Améric Vespuce témoin oculaire & auteur exact, dont nous nous faisons une loi de citer les propres termes à la nôte. Mulieres eorum faciunt intumescere maritorum inguina in tantam crassitudinem, vt deformia videantur et turpia: et hoc quodam earum artificio et mordicatione quorundam animalium venenosorum, et huius rei causa multi eorum amittunt inguina, quae illis ob defectum curae flacescunt, et multi eorum restant eunuchi.

Quel-

meinen Wolluſt überlifern, oder wo die Hochzeitgäſte die erſten Früchte ihrer Annehmlichkeiten pflüken; oder wo nur diejenigen unter ihnen ſich die gröſte Hofnung zum Heiraten machen dürfen, die ſchon im ledigen Stand vile Kinder gebohren, oder ſonſt ihre Keuſchheit am meiſten verwahrloſet hatten, ſcheinen blos auf der Seite des weiblichen Geſchlechts alle Zeugungshinderniſſe und Anſtände hinwegzurdumen; dahingegen die Gebräuche, wo die Brdute mit der gröſten Gefahr und mit viler Mühe geraubt wer-

Quelqu'étrange, que ſoit cet uſage, il ne faut y chercher qu'un remede extrême contre le vice de la conſtitution. L'ardeur d'un ſexe & la tiedeur de l'autre étoient comme en contradiction; il falloit par induſtrie rappeller au chemin de la nature ceux, qui s'en écartoient.

werben, *l*) und andere Ceremonien vor,
gehen, die eine solche Gewalttätigkeit an,
zeigen, oder wo der neue Ehemann die
ersten Nächte mit seiner Gattin sehr
heimlich, und mit viler Ungemächlichkeit
zubringen muß, zu der Gattung zu ge,
hören, welche die Erprobung der männ,
lichen Leibesstärke zum Grunde ihrer Ein,
führung hat. Alle dise hochzeitlichen
Ceremonien haben also Verwandtschaft
mit der Probnacht, und man erkennt,
wie

l) *Alex. ab Alex.* Gen. dier. L. I. c. 24. fol. 40. *b*. *Alex. Sard.* de mor. gent. L. I. c. 4. p. 587. Home Versuch über die Geschichte des Menschen, Teil I. S. 225. 226. *Hist. de Kamtschatka*, T. II. pag. 99. Merkwürdigkeiten der Mordnauen, Kosaken 2c. S. 9. *Cleffel* Antiqu. Septentr. C. I. §. 8. *Stiernköök* de Jure Sueon. et Goth. vet. L. II. cap. 1. *Lafitau* Moeurs des Sauvages, Tome I. page 576.

wie allgemein ehemals auf die Bevölkerung gearbeitet worden ist. Der Herr von Paw *m*) hat hierüber schöne Beobachtungen angestellt, und sie passen auf unsern Gegenstand vollkommen.

Home *n*) deutet den symbolischen Raub der Bräute auf den Sklavenstand, worein nach seiner Meinung die Gattinnen unter allen rohen Völkern geraten sollen. Die erste Quelle diser Sklaverei siht er in dem Ehkaufsgepränge; hirdurch erwerbe sich nemlich der Gemahl das Eigentum seiner Libsten, und sei deswegen berechtiget, sie als seine Magd zu be-

m) *Recherches sur Américains*, Tome I. p. 62.

n) Ueber die Geschichte des Menschen, Band I. Versf. VI. Seite 224. Iselin Geschichte der Menschheit, Band I. Seite 332. gerät auf ebendenselben Irrtum.

behandeln. Wie sehr verkennt er hier nicht den wahren Ursprung des Ehekaufs! Bei allen Barbaren sind die Weiber, so wie die Minderjährigen, unter der Munde o) des Mannstamms; das ist, ihm ligt die Sorge ihrer Verteidigung und Bewahrung für allen Unfällen ob; dagegen bleibt er auch nach ihrem Tode in dem Besize ihres Vermögens. Durch die Heirat kömmt die Frau unter die Mundbürde ihres Gemahls, oder des Geschlechts, zu welchem er gehört. Der Vater, oder die Familie, von der sie ausgeht, verliren also den Vorteil, den ihnen einmal ihre Vererbung eingebracht hätte. Sie lassen sich daher zur Entschädigung beim Verlöbnis eine gewisse Summe ausbezahlen oder Geschenke reichen, und das ist der sogenannte Ehekauf.

o) *Spelmann* in Glossar. Archaeol. p. 423. Mund.

kauf. Man ſiht ſeine Beſchaffenheit in unſern barbariſchen Geſezbüchern ganz deutlich. Ich kan aber, um nicht zu ſehr abzuſchweifen, und um eine Sache, die in einem andern Werke vorkömmt, nicht zweimal abzuhandeln, iezo nur die Lon‑ gobardiſchen *p*) anführen, und berufe mich wegen dem Weitern auf einen Schriftſteller, *q*) der bereits das alte Mundium, (wie es in der Urkundenſprache heißt) aus Angelſächſiſchen Geſezen dar‑ geſtellt hat. Unter andern Gründen führt Home *r*) auch die Wahrnehmung
für

p) *Rothar. R. Longobard. Lex,* 187. 188. 190. 191. 195. 196. 197. 216. 217. 388. *Luitprandi L.* VI. c. 47. et 61. ap. *Muratori* ſcript. rer. Ital. T. I. P. II. p. 30. 31. 33. 48. 70. 73.

q) *Grupe* de Vxore Theotisca, pag. 244. et ſeqq.

r) Verſuch vom Menſchen, Band I. S. 210. 211. 212.

für sich an, daß bei allen rohen Völkern die Weiber die Haus- und Feldgeschäfte verrichteten. Allein, wie wenig ward hir widerum den Ursachen der Dinge nachgespürt! Zeigte nicht schon Kraft, s) daß dises von dem Wahne der Wilden herrühre, als wenn in dem weiblichen Geschlechte eine gewisse allgemeine Befruchtungskraft läge, wodurch alles, was sie berührten, einen gedeihungsvollen Wachsthum erhielte? Unter allen rohen Völkern ziht der rüstige Mann in den Krieg, oder geht auf den Straßenraub aus; indes das fleissige Weib, der entkräftete Greiß und der schwächere Knabe zusammen den Landbau und Wirtschaft besorgen. Sind dise deswegen Sklaven des Erstern? — O wenn werden wir einmal aufhören, den eiteln Tand des Ausländers zu begaffen, und darüber die

bessere

s) Sitten der Wilden, Abth. III. §. 48.

beſſere Waare unſrer eigenen Landsleute zu vergeſſen! Wahr iſt's, unter etwas kultivirtern Nationen im Morgenlande geht die Ablöſung der Münde zuweilen in einen Kaufhandel über, und an ſehr vilen Orten werden die Weiber in einem Zuſtande angetroffen, der von der wirklichen Sklaverei eben nicht ſehr verſchiben iſt. Wenn man aber diſe Gegenden geographiſch unterſucht, ſo zeigt ſich's, daß ſie unter lauter heißen Himmelsregionen ligen. *t*) In ſolchen Erdſtrichen ſteigt nicht ſelten der weibliche Trib zur Begattung bis zu einer Art von geiler Wut. *u*) Die Männer, die dort zumal von ſchwächerer Gattung ſind, verliren alle

t) Vortreflich iſt die Unterſuchung des Hrn. von P. *Tome I. des Recherches sur les Américains*, p. 61. geraten.

u) *Montesquieu Esprit des loix*, L. XVI. ch. 10. Tome II. p. 143. 144.

alle Achtung gegen sie, und haben keine Ursache, sich um dasienige erst durch Gefälligkeiten und mit emsiger Geschäftigkeit zu bewerben, was ihnen mit frecher Stirne freiwillig angeboten wird. *v*) Wie entgegengesezt sind aber nicht die Sitten in den gemäßigtern und rauheren Gegenden des Erdbodens. Da macht die kältere Luft die Weiber frostig und spröde. Sie sind unempfindlich gegen alle Triebe, die bei ihnen die Männer erregen wollen, und diß vermehrt gerade die Begirlichkeit der leztern; deren Hize, während dem die scheinbare Tugend sie mit Hochachtung erfüllt, beständig angefacht wird, die Neigung diser stolzen Geschöpfe einmal zu überwinden. Daher das Ansehen des Nordischen Frauenzimmers, sein Stolz und seine Gewalt in allen

v) *Montesquieu Esprit des loix*, L. XVI. ch. 10. Tome II. p. 144.

allen öffentlichen Angelegenheiten. *w*)
Auf der andern Seite aber auch die sittliche Verfeinerung des männlichen Geschlechts, seine schlaue Bigsamkeit und Galanterie. Die verschidene Behandlungsart der Weiber hängt ganz von dem Einflusse des Klima ab. Der Ehekauf hingegen ist in Norden, wie in Süden, im Gebrauche, und verursacht nimals eine Herabwürdigung. Wenn Home mehr aus Reisebeschreibungen gesammelt, mehr bem Stande des Menschen nach den verschidenen Graden seiner Kul-

w) Gottfried Schüze, Lobschrift auf die Weiber der alten nordischen und teutschen Völker, S. 14 bis 155. *Chambord* Dissert. sur l'estime & la considération, que les anciens Germains avoient pour leurs femmes. Vol. V. des Mem. de l'Acad. de Belles-Lettres, pag. 330. *Montesquieu Esprit des loix*, L. XVI. Ch. 11. p. 145.

H

Kultur nachgeforscht, mehr die Gattungen untereinander verglichen, und die Quellen ihrer Verschidenheit aufgespürt, endlich das Allgemeine von dem Zufälligen ieberzeit sorgsam genug abgesondert hätte, so würde sein VI. Versuch des I. Buchs gewiß besser geraten sein, und eine ganz andere Gestalt bekommen haben, als wir ihn wirklich besizen. Der Behauptung, daß die bessere Behandlung des weiblichen Geschlechts erst aus der Sittenverbesserung entstanden sei, will ich die gerade entgegenstehende Bemerkung Kraftens *x)* an die Seite stel-

x) Sitten der Wilden, Abteil. II. §. 25.
„Bei einigen wilden Völkern ist die Re=
„gierung unstreitig in den Händen der
„Weiber, ob sie schon solche jederzeit
„durch die Männer verwalteten. Man
„kan einiger Maßen auf die Muthmas=
„sung geraten, daß das schöne Ge=
„schlecht in den ältesten Zeiten keine ge=
„rin=

stellen, und denn auf das hinweisen, was

„ringere Gewalt, oder doch nicht weni=
„ger als das männliche Geschlecht zu be=
„fehlen gehabt habe. Nicht allein in
„manchen Gegenden in Amerika, son=
„dern auch in Afrika findet man noch in
„neuern Zeiten ein solches Frauenregi=
„ment, und in der alten Geschichte sind
„deutliche Beweise genug, daß es in den
„ältesten Zeiten ebenfalls statt gefunden
„habe." Allgemeine Geschichte von
Amerika, Hauptst. IV. *Charlevoix
Hist. de Paraguai*, Tome II. L. VIII.
Dapper von Loango und Monomo=
tapa. *Relation de la Tartarie*, Tome
III. *des Voy. au Nord.* p. 177. Ils dif-
ferent d'avec les Chinois en ce qu'ils
ne retiennent pas leurs femmes au logis
avec tant de précaution, ni si étroite-
ment, de sorte qu'elles se trouvent quel-
quefois dans les Compagnies & Assem-
blées des Hommes, & c'est pourquoi
ceux de la Chine les font passer pour
des foux.

was der verständigere Millar *y*) gesammelt und der P. Lafitau *z*) auseinandergesetzt hat.

y) *Observations sur les commencemens de la Société*, page 54. & 55.

z) *Moeurs des Sauvages Amériquains, comparées aux Moeurs des prémiers temps.* A Paris, 1724. Tome I. pag. 77. suiv.